mjff
무주산골영화제
Muju Film Festival

백은하 배우연구소

Photography

〈사냥의 시간〉 노주한 ©NETFLIX (Cover)
〈북촌방향〉 김진영 ©전원사
〈1999, 면회〉 ©광화문시네마
〈족구왕〉 표기식 ©광화문시네마
〈출중한 여자〉 ©기린제작사
〈슬픈 씬〉 표기식 ©W KOREA
〈도리화가〉노주한 ©CJ엔터테인먼트
〈응답하라 1988〉 민지희 ©에그이즈커밍, CJ ENM
〈널 기다리며〉 최창훈, 권혁 ©NEW
〈굿바이 싱글〉 ©광화문시네마
〈범죄의 여왕〉 ©광화문시네마
〈산나물 처녀〉 김진영 ©필름다빈
〈조작된 도시〉 한세준, 허정환 ©CJ엔터테인먼트
〈밤의 해변에서 혼자〉 김진영 ©전원사
〈임금님의 사건수첩〉 차민정, 우효섭, 채신영 ©CJ엔터테인먼트
〈쌈, 마이웨이〉 ©팬 엔터테인먼트
〈풀잎들〉 조희영 ©전원사
〈소공녀〉 ©광화문시네마
〈멜로가 체질〉 ©JTBC
〈해치지않아〉 핑크컴퍼니 ©에이스메이커무비웍스
〈사냥의 시간〉 노주한 ©NETFLIX
〈울렁울렁 울렁대는 가슴안고〉 허훈 ©Motto

안재홍

INTRO DUCTION

인죠이—, 넥스트 액터

무주산골영화제와 백은하 배우연구소가 공동 기획한 '넥스트 액터' 시리즈는 2019년부터 한국영화를 이끌어갈 차세대 배우들의 이름들을 하나둘 적어 내려가고 있습니다. NEXT, 즉 '다음'이라는 말은 자연스럽게 '기대'라는 마음을 품게 합니다. 이미 굳어진 명성이 아니라 지금도 유연하게 변이 중인 이들의 다음에 바치는 기대야말로 '넥스트 액터' 시리즈를 가동시킨 가장 강력한 부스터이자 여전한 동력입니다. 독립영화라는 들판에서 자유롭게 성장해온 '넥스트 액터 박정민'은 비교 불가, 침범 불가의 영역을 누구보다 강력하게 축조 중입니다. 아역배우라는 산을 넘어 씩씩하게 생존한 '넥스트 액터 고아성'은 〈설국열차〉 요나의 임무를 이행하듯, 충무로에 당도한 신인류, 여성 배우들의 손을 잡고 한국영화의 새 챕터를 포부 당당하게 열어젖히는 중입니다.

'넥스트 액터' 시리즈가 또 다른 기대를 안고 불러보는 세 번째 배우의 이름은 감독과 배우라는 두 역할을 통해 보다 울렁대는 예술가의 길을 탐색 중인 안재홍입니다.

장편영화 데뷔작 〈1999, 면회〉와 〈족구왕〉을 거쳐 tvN 〈응답하라 1988〉의 정봉 역으로 많은 사람에게 각인되었던 안재홍은 어딘가 시대의 흐름과는 엇나간 매력을 가진 배우입니다. 듬직한 쾌남보다는 여리여리한 꽃미남을, 둥글둥글함보다는 에지를, 순정보다는 카리스마를 열렬히 원하는 21세기의 트렌드와 이 배우의 특징은 여러모로 반대편에 위치해 있는 것처럼 보입니다. 하지만 '순정', '뚝심', '열정'처럼 어느덧 촌스럽고 미련하다고 간주되어버린 단어들이 배우 안재홍 앞에 붙는 순간, 그 어떤 말보다 현재적으로 설득력 있는 수식이 돼버리죠. 그렇게 배우 안재홍은 〈응답하라 1988〉 '정봉'의 인기 이후에도 영화 〈임금님의 사건수첩〉 〈해치지않아〉 〈소공녀〉 〈사냥의 시간〉, 드라마 〈쌈, 마이웨이〉 〈멜로가 체질〉까지 때론 가까운 이웃으로, 때론 다정한 연인으로, 때론 운명을 함께하는 동료와 친구로 많은 이의 삶에 응답해왔습니다.

동시에 〈열아홉 연주〉, 〈검은 돼지〉, 2020년 부산국제영화제에 초청된 중편 〈울렁울렁 울렁대는 가슴안고〉까지 감독 안재홍으로서의 필모그래피도 차곡차곡 쌓아가는 중입니다. 영상을 통한 자기 표출과 소통이 특별할 것 없는 삶의 일부가 되어버린 시대에, 카메라 앞뒤를 구분 짓지 않고 자유롭게 오가겠다는 배우들의 선택은 '감독 데뷔' 같은 한 개인의 거창한 선언이라기보다는 피할 수 없는 시대의 흐름처럼 보입니다. 그리고 도전이 경험하게 한 위치와 시점의 이동이 결국 배우라는 직업을 상상하지 못한 방향과 영역으로 확장시킬 것이라 믿습니다.

『넥스트 액터 안재홍』은 시대의 조류를 거꾸로 거슬러 오르는 저 힘찬 배우 안재홍의 도무지 알 수 없는 신비한 힘을 연구합니다. 동시에 새로운 생태 통로를 찾아 헤매는 어느 배우의 치열한 탐색 과정을 확인하는 책이 될 것입니다.

벌써 3년째 '넥스트 액터' 시리즈를 함께 고민하고 나날이 발전시켜준 무주산골영화제 팀에게 존경과 신뢰를 보냅니다. 여러분은 저에게 동료라는 의미를 재정립 시켜주었습니다. 안재홍 배우는 차기작 준비에 바쁜 와중에도 책에 수록된 유쾌하면서도 뭉클한 자필 원고뿐 아니라 몇 차례 무주를 오가는 고된 일정을 여행자 같은 발걸음으로 기꺼이 함께해주었습니다. 애정과 감사가 심장 밑바닥에서부터 차오르는 기분입니다.

또 한 권의 책이, 또 한 명의 배우가
독자들을 만나게 되었습니다.

인죠이- 무주,
인죠이- 넥스트 액터.

2021년 5월
무주와 백신 사이
백은하

MARIN

FILMO GRAPHY

D. Director

C. Character

2009

〈구경〉

D. 김한결

C. 재홍

〈술술〉

2010

〈술술〉

D. 김한결

C. 재홍

2011

〈굿바이 보이〉

D. 노홍진

C. 종용 일당

〈북촌방향〉

D. 홍상수

C. 학생1

〈구경〉

〈플래쉬 몹 같은 내 생일〉

2012

〈졸업여행〉

D. 박선주

C. 사촌오빠

〈플래쉬 몹 같은 내 생일〉

D. 정지형

C. 재홍

2013

〈1999, 면회〉

D. 김태곤

C. 이승준

〈누구의 딸도 아닌 해원〉

D. 홍상수

C. 학생1

〈레몬타임〉

D. 임대형

C. 욱

〈미라의 의지〉

D. 이은정

C. 재홍

2014

〈족구왕〉

D. 우문기

C. 홍만섭

〈타짜: 신의 손〉

D. 강형철

C. 운도

〈레드카펫〉

D. 박범수

C. 풍차

〈썸남썸녀〉

D. 윤성호

C. 남자 2호

〈미성년〉

D. 이경섭

C. 태식

〈출중한 여자〉

D. 윤성호, 전효정, 박현진

C. 안재홍

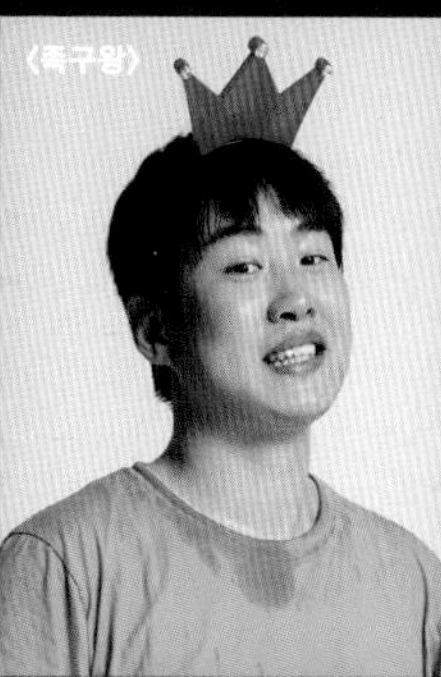
〈족구왕〉

tvN 〈응답하라 1988〉

2015

〈쎄시봉〉
D. 김현석
C. 병철

〈스물〉
D. 이병헌
C. 황인국

〈차이나타운〉
D. 한준희
C. 지방경찰2

〈슬픈 씬〉
D. 우문기
C. 붐 맨

〈도리화가〉
D. 이종필
C. 고용복

〈선지자의 밤〉
D. 김성무
C. 갑봉부하

〈검은돼지〉
D. 안재홍
C. 두선

tvN 〈응답하라 1988〉
D. 신원호
C. 김정봉

〈도리화가〉

2016

〈널 기다리며〉
D. 모홍진
C. 차 형사

〈위대한 소원〉
D. 남대중
C. 갑덕

〈굿바이 싱글〉
D. 김태곤
C. 한덕수

〈범죄의 여왕〉
D. 이요섭
C. 합격탕 고시생

〈걷기왕〉
D. 백승화
C. 소순이 목소리

〈산나물 처녀〉
D. 김초희
C. 리차드

SBS 〈푸른 바다의 전설〉
D. 진혁
C. 김봉덕(토마스)

2017

〈조작된 도시〉
D. 배종
C. 데몰리션

〈밤의 해변에서 혼자〉
D. 홍상수
C. 안승희

〈임금님의 사건수첩〉
D. 문현성
C. 윤이서

KBS 〈쌈, 마이웨이〉
D. 이나정
C. 김주만

2018

〈풀잎들〉
D. 홍상수
C. 홍수

〈소공녀〉
D. 전고운
C. 한솔

2019

〈걸캅스〉
D. 정다원
C. 클럽앞 덩치1

JTBC 〈멜로가 체질〉
D. 이병헌
C. 손범수

2020

〈해치지않아〉
D. 손재곤
C. 강태수

〈사냥의 시간〉
D. 윤성현
C. 이장호

〈울렁울렁 울렁대는 가슴안고〉
D. 안재홍
C. 철수

NETFLIX 〈킹덤 2〉
D. 김성훈, 박인제
C. 내관 문수

2021

〈하이파이브〉 (가제)
D. 강형철

〈사냥의 시간〉

〈풀잎들〉

ABOUT

이름은 안재홍. 安(편안 안), 宰(재상 재), 弘(넓을 홍). 특히 '편안하다'는 뜻의 성이 좋습니다.

생일은 1986년 3월 31일

태어난 곳은 부산. 특히 남천동 살 때의 기억이 많아요. '그느 서장' 살던 바로 그 남천동.

막내예요. 형이 한 명 있습니다.

어머니가 중학교 국어 선생님이셨어요. 사립 중학교라 33년을 근속하셨죠. 어릴 때는 엄마가 주말에 당직근무 때문에 학교에 가면 따라가기도 했죠. 한번은 드라마 〈쌈, 마이웨이!〉 부산 촬영 중에 촬영장 구경 오신 분이 엄마 제자였다고 인사해주신 적도 있어요.

학교는 삼익유치원, 남천초등학교를 다니다가 4학년 때 해운대에 있는 해강초등학교로 전학 갔어요. 국민학교에서 초등학교로 바뀌던 시점이어서 더 낯설었던 기억이 나요. 이후 상당중학교, 대연고등학교.

건국대학교 영화과 05학번, 2기. 1기 선배는 배우 엄태구.

기억나는 아르바이트는 영화관 티켓 검표 알바. 건대입구 롯데시네마와 왕십리 CGV에서 일했는데, 그때 무려 〈아바타〉가 개봉했어요.

혈액형은 O형

MBTI INFJ-T, 선의의 옹호자

요즘 즐겨 보는 유튜브는 피식대학 '한사랑 산악회'. 열정 열정 열쩌엉!

요즘 좋아하는 과일은 천혜향. 얼마 전에 처음 먹고 너무 맛있어서 깜짝 놀랐어요. 배우연구소 첫 방문 때도 천혜향을 사 들고 갔죠.

멋있다고 생각하는 뮤지션은 이문세 선배님. 아티스트 자체가 장르가 되어버린 느낌.

정봉이의 메뉴 중 최애는 비빔밥. 다 때려넣은 비빔밥이라니 얼마나 맛있어요. 그 비빔밥 먹는 장면은 노래방에서 〈응답하라 1988〉 수록곡을 선택하면 배경 화면으로 잠깐 나와요.

마요네즈마가린설탕밥의 맛은… 의외로 설탕이 빨리 잘 안 녹아서 그다지… 식감이 아그작아그작하달까?

인생에서 가장 많이 본 영화는 〈시네마 천국〉. 재개봉했을 때 다시 봤는데, 역시나 너무 울었어요. 주기별로 보려고요. 5년에 한 번 정도가 좋을 것 같네요.

엔딩이 좋은 영화를 좋아해요. 〈비포 선셋〉 같은. 마지막 대사가 끝나고 딱 암전되었을 때, 그 순간의 감정 때문에 영화관을 가는 게 아닌가 싶어요.

좋아하는 색은 〈응답하라 1988〉에서 정봉의 "페이보릿 컬러는 핑크". 저의 페이보릿 컬러는 지금 막 무주의 자연을 보며 초록색으로 변경되었습니다. 그런데 〈미라의 의지〉에서는 "하늘색"이라고 답했고, 〈족구왕〉에서는 공도, 유니폼도 모두 하늘색이었죠.

'넥스트 액터' 셀프 트레일러 찍을 때 하늘색 옷을 입고 싶어서 망원시장에 갔다가 하늘색을 찾아 2만 보를 걸었어요. 하지만 이건 시작에 불과했죠. 촬영하러 간 덕유산에서는 경사로로 3만 보를 걸었으니까요. 물론 그럴 의도가 아니었어요. 원래 콘티는 덕유산 중턱에서 향적봉을 바라보다가 가방에서 홍시와 소라빵을 꺼내 먹는 거였죠. 그런데 향적봉 보이는 산 중턱이란 애초에 존재하지 않았더라고요. 결국 정상까지 헥헥거리며 올라갔더니 눈이 내렸어요. 4월인데.

홍시는 팬카페 이름입니다. 안재홍과 함께하는 시간. 가능하면 자주 들어가보려고 해요. 글도 남기고 싶고. 오프라인 번개는 한 번 했어요. 너무 감사한 마음에 맥주라도 한잔하자고 제안했는데 많이 와주셔서 너무 좋았죠. 제가 당시 양꼬치와 꿔바로우에 한창 빠져 있을 때라 건대 양꼬치집에서 만났어요. 또 모이고 싶은데 코로나 때문에 너무 안타까워요.

양꼬치는 약간 어른들의 세계를 알아버린 느낌? 뭔가에 빠지면 같은 걸 계속 먹기도 해요. 저는 한 메뉴를 점심때 먹고 저녁때 또 먹을 수 있습니다.

당근마켓 아이디는 신뢰감을 주는 작명이 중요해요. 약간 연세가 있는 분들이 만들 법한 느낌이 들면 물건이 괜찮겠다 하는 느낌이 오죠. 현석동에 살고 있을 때 사용했던 ID는 '현석지기'. **현재 매너온도** 46°C

부모님의 통화연결음은 '걷다가 보면 항상 이렇게 너를~' 컬러링에서 샴푸 향이 느껴지죠.

안재홍의 3대 국제영화제는 〈1999, 면회〉로 로테르담 국제영화제, 〈소공녀〉로 뉴욕 아시안영화제, 〈사냥의 시간〉으로 베를린 국제영화제.

중학교 여름방학 때 합천 해인사 백년암으로 단기 출가한 적이 있었어요. 말하자면 요즘의 템플 스테이인데 좀 길었죠. 일단 삼천배부터 시작해요. 천 배씩 끊어서 사이사이 공양하고 세 번을 끝내면 하루 종일 걸려요. 그렇게 스님들과 같이 밤 9시에 자고 새벽 3시에 일어나고, 해우소 청소하고 나면 하루가 3일 같아요. 해우소 가는 길에 보았던, 밤하늘을 빼곡히 채운 별을 지금도 잊을 수가 없어요.

정작 인생 첫 해외여행은 산티아고 순례길이었어요. 제대 후 여름방학에 친한 형과 그 형 동생이 스페인에 간다고 해서 아무 생각 없이 따라갔죠. 한껏 신나서 떠났는데 가보니 그곳은 성 야고보의 길. 2주 동안 하루에 40km 넘게 걷고, 알베르게에서 인종차별 문전박대당하고, 또 몇십 킬로 밤길을 걷고, 산 넘으면서 들짐승 소리에 놀라서 포크 꺼내고, 겨우 침대에 누웠다가 베드 버그 물리고, "아! 너무 힘들다, 나 해외여행 처음인데!!!" 막 다투고…. 그러다 밤에 맥주 한 잔 마시면서 "미안… 내가 너무 힘들어서 정신이 나갔던 것 같다…" 화해하고, "이럴 거면 마드리드에서 그냥 다시 만나자…" 회유하고. 세상에 처음 보는 풍경을 많이 봤죠. 지구가 둥글다는 것도 느끼고. 지금도 기억에 진하게 남아 있는 너무 소중한 첫 여행이었어요.

여행 갈 때는 꼭 소스류를 챙겨가요. 〈꽃보다 청춘〉에서도 공항에서 양해를 구하고 가져간 소금, 후추가 얼마나 요긴했는데요. 야외에서 고기를 먹는다고 하면 갈치속젓, 바닷가로 여행을 간다고 하면 고추냉이.

인생 최고의 여행지는 아무래도 아프리카 나미비아와 아르헨티나 파타고니아. 쉽게 갈 수 없는 곳이라 더욱 특별한가 봐요. 특히 파타고니아 엘 칼라파테의 날씨와 바람을 떠올리면 너무 좋아서 또 가고 싶어요. 그런 말이 있대요. 그곳에 한 번 다녀오면 평생 그리워하게 된다고.

FACES
여섯 개의 얼굴

하나. 이승준 그리고 안재홍이 쓰는 〈1999, 면회〉

둘. 홍만섭 그리고 안재홍이 쓰는 〈족구왕〉

셋. 김정봉 그리고 안재홍이 쓰는 〈응답하라 1988〉

넷. 김주만 그리고 안재홍이 쓰는 〈쌈, 마이웨이〉

다섯. 한솔 그리고 안재홍이 쓰는 〈소공녀〉

여섯. 이장호 그리고 안재홍이 쓰는 〈사냥의 시간〉

〈1999, 면회〉
2013
김태곤

하나. 이승준
미숙했던 세기의
마지막 얼굴

승준에겐 비밀이 있다. 5:5 가르마에 반무테 안경, 노란색 후드티 위에 겹쳐 입은 회색 반팔 티셔츠, 카키색 체크 목도리를 야무지게 맨 재수생 승준은 강원도로 떠난다. 1999년 겨울, "저저번 주"에 겨우 면허를 딴 왕초보가 아빠 차를 빌려 철원까지 장거리 운전을 감행한 이유는 두 가지다. 표면적으로는 고등학교 졸업 후 1년 만에 만난 친구 상원(심희섭)과 함께 군 복무 중인 친구 민욱(김창환)을 면회 가는 중이다. 하지만 진짜 이유는 따로 있다. 승준은 민욱이 군대 간 사이 그의 여자 친구인 에스더와 가까워진 상황이다. 그의 무스탕 주머니에는 에스더가 대신 전해주라고 부탁한 이별의 편지가 숨겨져 있다.

"편지 지금 줄까? 그래도 내일 주는 것보다는 지금 주는 게 낫겠지?" 승준은 좋게 말해 악의 없이 해맑은 친구다. SES를 제일 "짱"이라고 생각하지만, 핑클의 '내 남자 친구에게'가 흘러나오면 그 또한 신나게 따라 부르고, 가수가 되는 것이 꿈이었지만 사진학과 입시 역시 열심히 준비 중이다. 친구가 복무 중인 정확한 연대를 묻자 "민욱이 연대 아닌데? 걔 재수했는데?"라고 대답하는 엉뚱함, 대학 휴학 중이라는 다방 여자의 말을 곧이곧대로 믿는 순진함, 처음 만난 강아지와 아이처럼 놀아주는 천진함을 가진 그는 누가 봐도 "아침에 제일 일찍 일어날 것 같은" 태평스러운 "숙면 오빠"이자, 자고 일어나자마자 김치찌개를 흡입할 수 있는 놀라운 비위마저 장착하고 있다. 승준은 궁금하면 물어보고, 배고프면 먹고, 졸리면 잔다. 예상하건대 승준과 에스더와의 만남 역시 이렇게 단순하게 시작되었을 것이다.

하지만 취향이나 식성과 달리 사람 사이의 일은 단순함이 미덕이 될 수 없다. 민욱을 향해 막연하게 미안했던 마음은 술에 취한 밤 구체적으로 터져 나온다. 공중전화 박스에서 에스더가 남긴

음성 메시지를 듣는 순간 승준은 입술을 엎어놓은 사발 모양처럼 만들면서 엉엉 운다. 이 사람 때문에 많은 걸 잃게 되겠지. 힘들 때마다 기대온 우정까지. 그렇게 승준의 털어놓지 못한 비밀은 밤사이 잃어버린 카메라와 함께 철원의 눈밭에 묻힌다. 하지만 돌아오는 길에 발견한 빈 편지봉투에 남겨진 민욱의 커플링은 그 비밀이 끝내 봉인되지 못했음을 알려준다. 아이 같은 마음, 장난과 치기가 용서되던 소년들의 시대는 새 천년의 시작과 함께 곧 끝날 것이다. 승준은 아직은 미숙할 수 있었던 지난 세기의 마지막 얼굴이다.

안재홍이 쓰는 〈1999, 면회〉

장편이다, 장편!
첫 장편영화의 주연으로 캐스팅됐을 때, '이야, 이게 무슨 일이지' 했다. 그 당시 학교 다닐 때 단편영화 작업을 주로 해서 외부에서의 영화 작업이 그땐 많이 생소했었다. 함께 캐스팅된 희섭이, 창환이랑 부천의 태곤이 형 집에서 합숙하면서, 집 앞에서 매운 닭발에 소주를 먹곤 하며 영화 속 친구가 되었던 기억도 영화처럼 많이 난다.

그나저나 승준이는 어떤 인물일까. 의욕이 많이 넘쳤던 걸까. 승준이의 탄생부터 주욱 써보았다(탄생부터 써본 건 승준이가 유일했던 것 같다). 승준이의 마음을 어느 정도 정하고 보니 오히려 상원이와 민욱이의 관계 속에서 '편지'를 가진 승준이가 더 느껴지게 될 것 같다는 생각이 들었다. 세 친구가 보이기 시작하고 이 아이들의 성향이 마치 만화책 캐릭터처럼 겹쳐짐 없이 다가왔다.

철원에서의 촬영은 지금 생각해보면 아주 그리운 어떤 출발점인 것 같다. 어떠한 계산도 없이 아주 말간 상태가 아니었을까 하는 생각이 든다. 뭘 어떻게 정하고 가야지, 하는 생각조차 못 해봤던 것 같다. 감히 '관객'이라는 개념이 머릿속에 들어오기 전의 출발점.

태곤이 형과 〈1999, 면회〉로 만난 건 나에게는 정말 행운 같은 일이었다. 지금도 뭔가 궁금하면 형한테 물어본다. 〈1999, 면회〉가 나에게도 광화문 시네마에게도 첫 작품이라 얼마나 다행인지 모른다. 시간이 갈수록 더 애틋해질 것 같다.

〈족구왕〉
2014
우문기

둘. 홍만섭 복구하고 싶었던 청춘의 얼굴

만섭에겐 꿈이 있다. 기숙사 문을 열고 한껏 설레는 얼굴로 인사를 건네는 복학생 만섭에게 같은 방 선배 형국(박호산)은 다짜고짜 "너 꿈이 뭐야?"라고 묻는다. 진짜 꿈이 궁금해서 한 질문은 아니다. 닥치고 공무원 시험 준비하라는 말을 본격적으로 꺼내기 위한 전주였을 뿐이다. 그러나 돌아오는 만섭의 대답은 완전히 예상을 빗나가버린다. "저는… 연애하고 싶습니다."

그에게는 또 하나의 꿈이 있다. 족구를 매일매일 하는 것이다. 처음엔 "족구 하는 소리 하고 앉아 있네"라며 냉소하던 학생들은 이 낯설고 이상한 친구의 등장에 남몰래 처박아두었던 족구공을 다시 꺼내기 시작한다. 입대 전 학점은 평점 2.1에 토익 시험은 본 적도 없고, 등록금 대출 이자는 연체 중이고, 잘 사는 집도 없고, 믿을 만한 빽도 없는 만섭이. "뭘 믿고 그렇게 낭만이 흥건"한지는 누구도 알 수 없다. 그저 매일 고깃집에서 불판을 닦고, 자판기 청소 아르바이트를 하면서도 첫눈에 반한 안나를 위한 사랑의 도시락을 싸고, 커피 우유팩이 터지도록 족구 연습에 매진할 뿐이다. 그에게 연애는 꼭 하고 싶은 것, 족구는 그저 재밌는 것이기 때문이다. 스펙을 쌓기 위한 전쟁터이자 취업을 위한 학원처럼 전락해버린 대학 캠퍼스에서 만섭이 쏘아 올린 작은 족구공은 거대한 변화의 물결을 불러온다. 급기야 "남들이 싫어한다고 자기가 좋아하는 일을 숨기고 사는 것도 바보 같다"라고 말하는 만섭의 꿈을, 족구를, 그리고 사랑을 응원하게 만든다.

믿거나 말거나, 그는 2063년 미래에서 온 사람이다. 암으로 죽어가는 만섭을 가엽게 여긴 천사의 도움으로 스물넷 청년 시절을 리플레이할 기회를 얻었다. 50년 전 과거로 다시 돌아온 그의 선택은 아파트를 사는 것도, 비트코인에 투자하는 것도 아니었다. 연애 한 번 못 해보고, 공무원 시험만

준비했던 지난날의 바보 같은
선택 대신, 하고 싶었던 족구를
마음껏 하고, 못했던 고백을
반드시 해보는 것이었다.
"I love you from the bottom of my
heart(당신을 진심으로 사랑합니다)."
미련하지 않은 듬직함과
부담스럽지 않은 순정의 청년,
육체를 훈련하고 마음을 표현하는
것으로 다시 살아낸 만섭은
누군가 그토록 복구하고 싶었던
하늘색 청춘의 얼굴이다.

안재홍이 쓰는 〈족구왕〉

촬영 전에 문기 형이 이면지에 시를 써줬었다. 만섭이에 관한. 내용이 잘 기억나지 않지만 '잔잔하고 깊은 호수 같은 친구'라는 표현은 아직 기억이 난다. 그랬던 것 같다. 호수 같은 만섭이.

한예종에서 촬영을 많이 했었는데 만섭이의 하늘색 티셔츠와 하얀 반바지에 주황색 끈이 달린 새하얀 운동화를 신고 지하철을 타고 촬영장을 갔었다. 신나게 족구 장면을 찍고 나면 땀이 식어 하얗게 소금 같은 게 생긴 하늘색 티셔츠를 입고 다시 지하철을 타고 돌아왔다. 그래도 전혀 피곤한 줄을 몰랐다.

구기종목은 연습한다고 잘되는 게 아니다. 어릴 때부터 구기종목 운동을 못해서 안 했고 안 하니 더 못했다. 군대에서도 족구를 두 번 정도 했다. 그런데 족구의 왕이 되어야 한다니…. 부담감이 아주 컸다. 하남에 있는 운동장에 버스를 타고 가서 단체 연습을 전투처럼 했다. 집에 돌아와서는 놀이터 구석에서 개인 연습을 또 했다. 그래도 잘 안 됐다.

그즈음에 좀 신기했던 일이 있었는데, 트레이닝복도 아니고 그냥 평범한 옷차림으로 집 앞 슈퍼를 가려고 횡단보도에 서 있었는데 누가 쓰윽 전단지를 한 장 주셨다. 족구 동호회의 전단지였다. 얼굴에 족구가 쓰여 있나? 무슨 족구 동호회에 전단지가 다 있지? 웬일이지 싶어서 주말마다 근처 공원 운동장에서 하는 족구 동호회에 나갔다. 동호회 아저씨들은 젊은 피가 들어왔다고 좋아하셨지만, 내가 잘 못하는 걸 보시고는 수비를 시키셨다. 실은 연기자인데 족구에 관한 영화를 찍게 되었다고 말씀드리니 굉장히 좋아하셨다. 드시던 막걸리도 한 잔 주셨다. 그때부터 주말마다 동호회 아저씨들에게 특훈을 받았다. 경기 끝나고 쉬는 시간에도 계속 서브를 주시고 나는 받아내야 했다.

드디어 첫 족구 장면을 촬영하는 날이 되었다. 강민과의 일대일 대결 장면. 핫식스를 한 캔

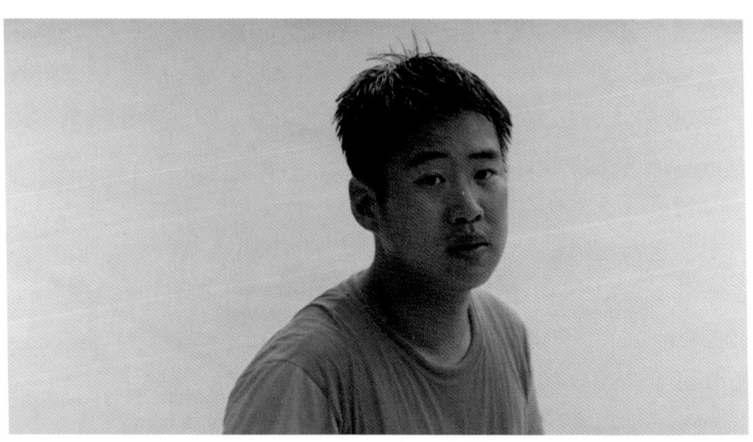

시원하게 들이켜고 촬영장으로 향했다. 그런데 그날은 뭔가가 좀 달랐다. 날씨도 맑고 무엇보다 공이 발에 짝짝 달라붙는 느낌이 드는 거다. 안 됐던 서브가 시원하게 넘어갔다. 이제 고급 기술이 남았다. 한 손 짚고 넘겨차기. 연습을 많이 했던 기술이었는데 공이 발에 잘 맞아도 네트를 넘기는 게 쉽지 않았었다. 그런데 그날은 그것도 시원하게 팡! 되는 거다. 기분이 아주 찌릿했다. 밤의 캠퍼스 장면 촬영을 준비하며 문기 형이랑 봉고차에 둘이 앉아서 이런저런 이야기를 하면서 만섭이를 이해하려고 했던 시간들이 생생하게 떠오른다.

열린 결말의 영화이지만 그때 나는 아마 만섭이가 미래에서 왔다고 생각했던 것 같다. 그래서 길가에 나 있는 풀 하나에도 눈물이 그렁그렁해지는 소중한 마음을 가지고 임해야겠다. 그런 생각을 했던 것 같다.

I love Manseop from the bottom of my heart.

Z85V5

〈응답하라 1988〉
2015
신원호

셋. 김정봉
투명하고 집요한 사랑의 얼굴

정봉에겐 집념이 있다.
뭔가 하나에 꽂히면 그것만 파고 또 파는 정봉이는 그 하나에 온 마음을 쏟고 온 시간을 바친다. 전화번호부에서 특이한 이름 찾기를 보물 찾기보다 더 재미있어하고, 육상선수 임춘애의 수상 내역부터 식단까지 좔좔 꿰고 있으며, "학교에서 배운 것보다 우표에서 배운 게 더 많다"는 루스벨트 대통령의 말을 가슴에 품은 채 고고학자 같은 정밀함으로 우표를 수집한다. 집요한 올림픽복권 구매는 마침내 1등의 행운으로 돌아와 수제비만 먹고 살던 정봉의 가족을 동네 최고 부자로 격상시켰다. "100원만 있다면 올림픽 영웅들과 하루 종일 놀 수도 있다"는 정봉은 '갤러그 대첩'을 거쳐 '보글보글'로 이어지는 쌍문동 대광 컴퓨터 게임장의 역사이자 지박령 같은 존재다. 때로는 영화 포스터와 대학가요제 LP 수집에, 때로는 '별밤'의 예쁜 엽서 응모에 열을 올리고, '한 봉지 더' 스티커를 언젠가 잡고 말겠다는 일념으로 치토스 봉지를 뜯고 또 뜯는다. 부루마불 게임과 함께라면 우주까지 여행하고, "나와의 싸움"인 루미큐브 완성과 종이학 천 마리를 위해서라면 다크서클이 입술까지 내려오고 얼굴이 강시처럼 창백해질 때까지 세상을 등져도 좋다. '해피 라면'과 함께하는 라면정식, 숟가락으로 퍼먹는 스팸 통조림, 엄마 몰래 먹는 '마요네즈 마가린 설탕 밥', 크림만 쓸어 모아 한입에 털어먹는 케이크까지, 음식에 대한 취향은 더욱 구체적이고 확실하다. "동서양의 문화가 합쳐진 헬레니즘 문화를 맛보는 기분"을 느끼기 위해 함박 스테이크와 총각김치를 한입에 베어 물고, 불심보다 위대한 산채비빔밥 사랑을 실천하기 위해 백담사행도 마다하지 않는다. 집념이라는 말이 정봉에게 적용될 때, 그것이 사랑이 아니라고 말할 수 없다.

방금 구워 온 '소라빵'을 언제나 손목 아래 구비하고 있는 이 귀엽고 따뜻한 청년은

초콜릿은 꼭 녹여서 먹어야 사랑이 이루어진다고 믿는다. 첫눈이 내리는 순간을 절대 놓칠 수 없으며, "우리 동생만큼은 꼭 하고 싶은 거 하게 해달라"는 소원을 빌기 위해 추운 옥상에서 잠을 쫓아가며 별똥별을 기다린다. 사실 그의 원래 꿈은 마라도나 같은 축구 선수였다. 하지만 약한 심장 때문에 집 밖을 크게 벗어나지 못하는 조심스러운 삶을 살아야 했다. 어쩌면 정봉은 '맥가이버'로 빙의해 연탄보일러를 고치고, 주윤발이 되어 "사랑해요! 오마니"를 외치며 자신의 작은 방 안으로 영화와 티브이, 게임 속에서 만난 환상의 친구들을 쉬지 않고 초대해왔는지도 모른다. 영화 〈빅 피쉬〉의 주인공처럼 자기만의 판타지 속에서 살아가던 정봉 앞에 "운명"처럼 나타난 만옥(이민지)은 7수를 거쳐 부모의 기대 속에 선택한 법학도의 길 대신, "미쳐서 밤새 생각나는 것"을 찾으라고 말한다. 그리고 이런 애정 어린 충고 덕에 집 안을 떠나지 않고 살아온 정봉은 쌍문동 10통 2반이 배출한 최고의 스타, '집 밖 봉선생'이 될 수 있었다. 누군가 쓸데없다고 여기는 일들을 진심으로 '인죠이'했던 사람, 정봉은 투명하고 집요한 사랑의 얼굴이다.

안재홍이 쓰는 〈응답하라 1988〉

정봉이.
꿈같던 캐스팅이 확정이 되고 그 이름을 처음 감독님과 작가님으로부터 들었을 때 왠지 모를 정감을 느꼈던 것 같다. '봉'이라는 글자가 괜히 마음에 쏙 들었다. 6수생…이지만 공부보다는 다른 아주 많은 것에 관심과 열정을 쏟는 아이. 나의 방 안이 마치 온 우주인 것 같은 정봉이.

정봉이는 외출을 거의 하지 않으니 살은 좀 통통하고, 얼굴도 좀 하얗고, 머리는 뻗쳐 있고, 그 시절은 아무래도 일자로 반듯한 구레나룻이지 싶어서 집에서 혼자 면도칼로 슥슥 바짝 면도를 하며 촬영장으로 향했다. 그러고는 트레이닝 바지를 배꼽까지 올려 입으며 '흠… 80년대군' 하며 나름 흐뭇해했다.

원호 감독님의 촬영장은 매일매일 신났다. 정봉이는 매회 다른 것에 꽂혀 있기 때문에 한 회, 한 회가 새롭고 재밌었다. 감독님과 이런 대화를 나누던 기억도 많이 난다.

"이번 화는 정봉이 뭐지?"
"우표수집입니다."
"이번 화는 뭐지?"
"맥가이버입니다."

가족 식사 장면이 많았는데, 우리 가족 미란 선배님, 성균 선배님, 준열이와 한 식탁에 앉아 있으면 그렇게 든든할 수가 없었다. 이렇게 글로 쓰고 있으니 너무 그리워서 이만 줄여야겠다…. 드라마의 배경은 쌍문동이었지만, 촬영 세트장은 의정부에 있었다. 마치 한 골목의 시간과

장소를 그대로 옮겨온 듯한 세트장이었다. 촬영이 마무리될 때 즈음에 드라마 촬영이 모두 끝나면 세트장을 철거하게 된다는 이야기를 들었다.

나의 모든 촬영이 끝이 나고, 촬영팀은 다음 촬영을 위해 이동을 하고 나는 혼자 정봉이의 방 안에 앉아 정봉이의 책상을 한참 바라보았던 기억이 난다. 절대 잊지 못할 이 방. 아주 많은 감정들이 떠올랐지만, 고맙다는 마음이 가장 많이 기억에 남는다. 그러고는 곧 인스타에 감성글을 남겼다.

2016년 1월 15일의 게시글.
내일이면 안녕,
나의 정봉.

〈쌈, 마이웨이〉
2017
이나정

넷. 김주만
고독한 미식가의 허망한 얼굴

주만에겐 절대미각이 있다. 학창 시절부터 전자레인지 안에서 뒤섞인 튀김만두에서 나는 "햄버거 스멜"을 정확하게 감지하며 천방고 "장금이"로 불리던 주만은 타고난 미각을 살려 홈쇼핑 식품 MD로 일하고 있다.

"사람들은 제가 대식가라서 몸이 이렇게 통통한 줄 알지만 저는 사실 미식가죠. 경동시장 할배 떡볶이를 처음 맛봤을 때 저는 환희를 넘어서 어떤 사명감을 느꼈어요. 와- 이거 전 국민이 알아야 하는 맛이다."

코다리와 구룡포 젓갈의 매진 행렬에 이어 "팩당 2,340원 하는 떡볶이를 2억 원어치 판매"하는 쾌거를 올린 드림 홈쇼핑 영업3팀의 김주만 대리는 회사 내에서도 촉망받는 사원으로 쑥쑥 성장 중이다.

주만에게는 6년째 연애 중인 여자 친구 설희(송하윤)가 있다. 고등학교를 졸업하고 같은 회사 계약직 상담원으로 일하며 주만과 남몰래 사내 연애 중인 설희는 주만을 "그냥 남자 친구 아니고 내 세상"이라고 말하는 헌신적이고 사랑스러운 여자다. 하지만 빨리 성공하고 싶은 자신의 욕망과 달리 소소한 행복을 바라는 설희가 조금씩 답답하게 느껴질 무렵, 이 오랜 연애의 맛이 조금씩 변해가고 있음을 느낀다. 제아무리 절대미각을 가진 주만도 이번만큼은 이것이 관계의 숙성을 위한 일시적인 "권태"의 맛인지, "헤어지는 중"에서 발생되는 부패의 맛인지 구별할 수 없다.

"대리님 여자 친구 없으시죠?"

하필이면 시기도 야속하게 새로운 여자가 눈앞에 나타난다. 같은 부서 인턴사원이자 국내 최대 족발 체인 '박할머니 족발' 집 딸인 예진(표예진)은 젊고 예쁘다. 게다가 늘 저자세인 설희와 달리 구김살이라고는 찾아볼 수 없다. 주만이 그녀의 관심을 모른 척하고 밀어내려 할수록 예진은 "그렇게 철벽 치면 더 믿음직해요"라며 더 적극적인 구애를 펼친다. 주만은 자신이 이 새로운 자극을 외면할 수 없고

점점 신경 쓰고 있다는 사실을 안다. 그러던 중 예진과의 사이를 오해할 수밖에 없는 사고가 발생하고, 결국 설희로부터 이별 통고를 받는다. 자신만을 바라보던 한 여자의 세상을 무너뜨린 것이다. 하지만 설희가 떠나자 주만 역시 존재하는지도 몰랐던 "횡격막"이 갑자기 사라진 기분을 느낀다. 설희가 없는 세상에서는 숨도 쉴 수 없고 죽을 것만 같다. 그녀의 소소한 행복과 "착했던 희생"이 결코 소소하지 않았음을 뒤늦게 깨닫는다.
설희가 찌들고 눈치 보는 모습이 가슴 아팠던 것이 아니라, 찌들고 눈치 보는 여자가 내 여자인 것이 싫었던 자신의 이기적인 마음을 뒤늦게 직시하게 된다. 무뎌진 미각과 가짜 자극 속에 사랑의 진미를 놓친 남자, 주만은 고독한 미식가의 허망한 얼굴이다.

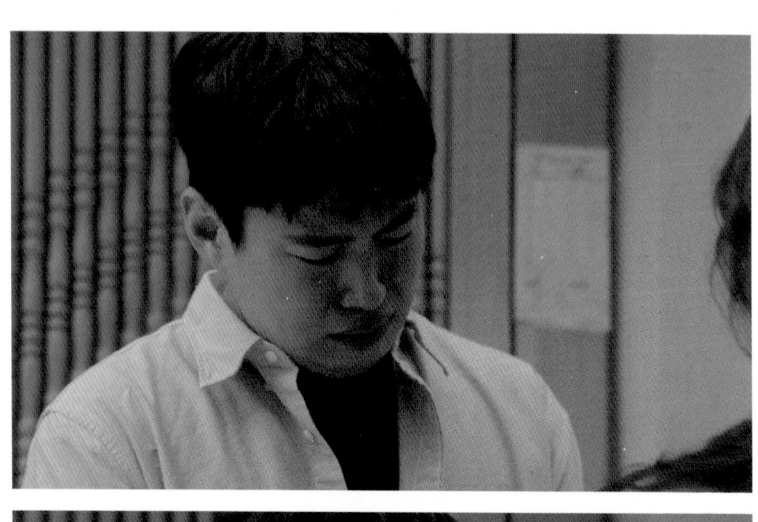

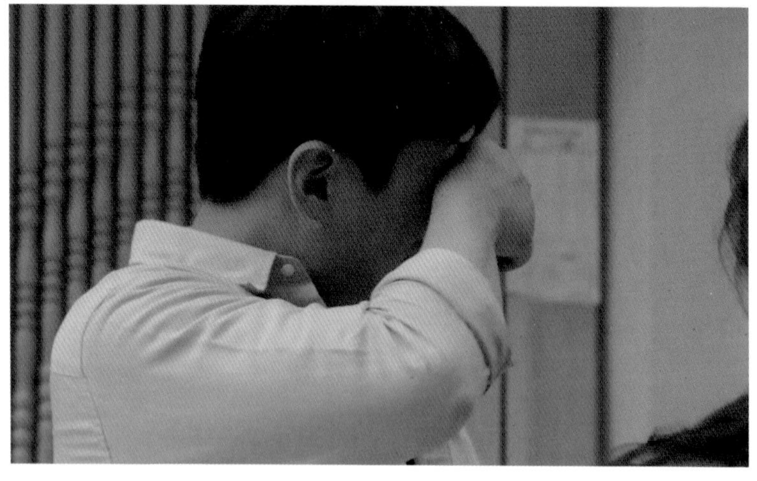

안재홍이 쓰는 <쌈, 마이웨이>

처음이었다.

"감독님이 컷을 했는데 감정이 멈추질 않아서 눈물이 자꾸 나는 거예요" 같은 말들은 좀 뻥이 아닐까 생각했었다. 그런데 설희에게 "주만아, 네가 내 손 놓은 거야"라는 말을 듣는 신을 찍었을 때, 내가 그러고 있었다. 촬영팀이 장소 이동을 위해 철수하는 분주한 와중에, 나는 계단에 쭈그려 앉아 흐르는 눈물을 닦고 있었다. 그러면서도 머릿속으로는 이거 왜 이러지, 나도 이게 되네, 감정 좀 잡아보려 윤종신 형님 노래를 너무 많이 들었나, 뻥 아니구나…. 뭔가 쑥스럽고, 처음 느껴보는 감정에 신기하기도 하고 오묘했다.

권태와 낯섦에 대하여. 주만이 혹은 우리 주변의 누구라도 갖고 있을 이 가까운 감정을 아주 와닿게 표현해보자고 생각했다. 그런데 그걸 어떻게? 어쩌면 이미 휙 바뀌어 식어버린 마음보다, 이러지도 저러지도 않고 그 감정의 유예를 가지고 있는 상태가 더 가슴 아프고 더 현실적으로 다가오지 않을까. 그 경계를 아주 미묘하게 짚어야겠다는 생각이 있었다. 그래서 드라마 속 저 사람의 이야기와 저 사랑의 감정을 마치 '내 친구가 그랬대' 하는 이야기처럼 현실적으로 느꼈으면 하는 바람이 컸다.

세심하고 아주 공감 가는 대본 덕분에 나는 주만이가 지금도 어딘가에 살고 있는 사람처럼 느껴진다.

〈소공녀〉
2018
전고운

다섯. 한솔 한겨울이 꿈꾸는 봄의 얼굴

한솔에겐 미소가 있다. 여자 친구인 미소(이솜)는 한솔이 자신의 "안식처"라고 말하지만 그건 한솔도 마찬가지다. 웹툰 작가 공모는 줄줄이 떨어지고, 학자금 대출은 아직 다 못 갚은 상태고, 잦은 사고가 이어지는 녹록지 않은 공장에서 일하며, 남자 기숙사에서 숙식하는 청년 한솔에게도 미소와의 시간만이 유일하게 미소 지을 수 있는 안식처다.

매서운 바람이 윙윙 불어오는 추운 겨울밤. 작은 방에서 이루어지는 젊은 연인의 데이트는 궁핍하지만 활기차다. 겨울 파카에 모자까지 푹 눌러쓴 상태지만 만년필로 정성스럽게 그려나가는 여자 친구는 예쁘기만 하다. 자비 없는 손등 때리기 놀이는 사실 벌겋게 달아오른 손등을 꼭 쥐고 호호 입김을 불어주기 위한 격렬한 전희다. 그러다 눈빛이 미묘하게 오가면 "우리 안 한 지 너무 오래된 것 같은데…"라며 누가 먼저랄 것도 없이 전투적으로 옷을 벗는다. 물론 추위를 이기지 못한 섹스는 끝내 성사되지 못하지만 "봄에 하자"며 서로를 꼬옥 껴안는 마음에는 이미 봄이 온 것만 같다. 손에 쥔 것은 아무것도 없지만 아직은 순대와 떡볶이의 시간으로, 초코파이 한입으로 바꿀 수 있는 건강한 혈액이 온몸을 힘차게 순환 중이다.

하지만 미소가 위스키와 담배 대신 집을 포기한 채 친구들의 집을 순회 방문하면서부터 한솔은 더 이상 미소 지을 수 없다. "난 너랑 이렇게 놀고 담배만 피울 수 있다면 아무것도 필요 없어"라고 말하는 미소와 달리, 한솔은 점점 미안한 마음이 쌓여간다. "내가 거지라서 니가 거지인 거야." 한솔은 어느덧 미소는 준 적 없는 죄책감을 홀로 느끼며 자괴감에 빠진다.

가난하다는 것만 빼고는 세상 누구도 부럽지 않은 사랑을 하고 있지만, 가난은 기어코 두 연인의 물리적 거리를 멀어지게 만든다. 2년간 사우디

아라비아로 파견근무를 떠날 결심을 한 한솔은 어렵게 미소에게 그 사실을 알린다. "이제 만화 그만둘라고…. 해볼만큼 해본 것 같아서. 이제 좀 사람답게 살아보고 싶어서." 사막에서의 노동은 생명수당까지 붙어서 월급의 세 배가 될 것이고, 2년 후면 5천만 원쯤 통장에 쌓일 것이다. 그때가 되면 함께 더 좋은 미래를 꿈꿀 수 있을 거라는 한솔의 진심을 모르는 건 아니지만 미소의 입에서는 "배신자"라는 원망이 먼저 터져 나온다. "이거 배신하는 거 아냐…. 상상력을 발휘해보자고 우리…. 옆에 있다고." 한국을 떠나는 날, 틈틈이 그림을 그리라고 미소가 선물한 스케치북을 보며 한솔은 "헛된 희망"이라고 말하지만 끝내 받아 든다. 그리고 사우디 아라비아의 태양보다 뜨거운 키스와 "졸라 사랑해!"라는 외침을 새벽 거리에 남기고 떠난다. 미소와 한솔은 아마도, 오는 봄엔 못 할 것 같다. 하지만 언젠가 꼭 다시 할 것이다. 헛된 희망이 아니다. 한솔은 한겨울이 꿈꾸는 봄의 얼굴이다.

안재홍이 쓰는 <소공녀>

고운 누나는 말했다. 특별출연이라고. 그런데 진짜 특별한 영화가 되었다. 미소는 시간이 안 되어서 함께 못 갔는데 나는 시간이 너무 되어서 심지어 뉴욕 아시아 영화제까지 따라갔다. 게다가 갑자기 대상을 받았는데 나도 얼떨결에 그 무대에 올라가 수상소감을 얘기했다.

리딩 겸 리허설을 세 번 정도 하며 고운 누나와, 솜과 함께 대사를 맞춰보고 우리끼리 동선도 만들어보고 '한솔'이라는 이름도 함께 지었다. 입에 잘 붙지 않는 대사는 편하게 바꿔보고 서로서로 이야기도 많이 나누었다. 그 시간들이 참 재미있었다.

그러고 보면 촬영장에서도 뭔가 좀 재미있었다. 솜과는 이번 영화로 처음 알게 되었는데 희한하게 편했고 금세 친해졌다. 기억에 남는 건 보통 감정 신을 찍기 전에는 식사를 좀 가볍게 하곤 하는데, 그땐 왜 그랬는지 고운 누나, 솜과 셋이서 점심으로 매운 고추 간짜장면으로 유명한 중국 음식점에 가서 고추 간짜장면에 탕수육까지 먹고 와 촬영했던 기억이 난다. 그러고는 미소가 던진 닭꼬치를 주우며 사우디아라비아로 다녀오겠다는 결심을 털어놓는 신을 찍었다. 지금 생각해보면 그 신의 감정이 자연스레 나왔던 건 결국 매운 짜장면 덕분이었던 것 같다. 좋아하는 장면이 되었다. 아, 그러고 보니 그 중국 음식점 이름은 영화루.

한솔이는 분명히 다시 돌아왔을 것이다. 약속대로 돈을 모았을 것이고, 다시 미소를 만났을 것이다. 이 둘의 다음 이야기가 좀 궁금하다.

〈사냥의 시간〉
2020
윤성현

여섯. 이장호
외로움의 시간이 비로소 멈춘 얼굴

장호에겐 가족이 있다. 피를 나눈 부모 형제는 없지만, 우정을 나눈 친구 준석(이제훈)과 기훈(최우식)이 그에게는 가족이다. 이 친구들이 함께 살아내야 하는 근미래의 서울은 "미쳐 돌아가고" 있다. 국가는 파수꾼으로서의 역할을 상실했고, 경제는 박살이 났으며, 거리엔 노숙자들로 가득하다. 검은 무스탕에 바짝 깎은 탈색 머리, 왼쪽 눈썹에 살짝 스크래치를 내고 오른쪽 귀에 피어싱을 한 힙한 외양과 달리, 장호의 상황은 지금 "찬밥 더운밥 가릴 때"가 아니다. 한때 정비소에서 일했지만 차량 절도 전과가 있는 상태라 취직을 할 수도 없고, 친구들과 함께 보석상을 털어 생긴 돈은 현금가치 폭락으로 모두 휴지 조각이 된 지 오래다. 당장 다음 달 집 값 낼 돈도 없이 곧 빈털터리 신세가 될 것이 자명한 상황이다. 그러던 중 보석상 사건으로 혼자 감옥에 간 준석이 3년 만에 출소하면서 장호의 막막했던 삶은 짧은 활력을 띤다. 아무리 허황된 소리라도 그의 말이라면 "뭔데?"라고 일단 물어보는 장호는, 카지노를 털어 외국에서 새 삶을 시작하자는 친구의 계획에 동참하겠다고 나선다. 물론 "완전 미친 짓"이라는 걸 알지만, 홀로 감옥에서 썩어야 했던 준석에 대한 부채의식과 함께, "영원히 밑바닥 인생"을 사느니 어쩌면 한 번은 "사람답게 살 수"도 있을 도박을 해보기로 한 것이다. 하지만 지옥에서 벗어나려고 시작한 일은 더 붉은 지옥으로 그의 멱살을 잡고 끌고 간다.

천식 때문에 늘 휴대용 흡입기를 손에 들고 다녀야 하는 장호의 숨을 책임지는 진짜 흡입기는 친구들이다. 기훈이 "관심병자"라고 놀릴 만큼, 늘 친구들의 관심에 목말라하고, 자신을 혼자 두지 말라고 애원한다. 어쩌면 그들의 옷을 가끔 훔쳐 입었던 것도 카리스마 넘치는 준석의 용기와 결단력을, 사랑받고 자란 기훈이의 그늘 없는 성격을 빌려 입고 싶었던 것일지도 모른다. "가족이 있는 게…

부모님이 있는 게… 어떤 기분이야? 외로운 건 없겠다, 그지?" 엄마와 다정한 한때를 보내는 기훈을 물끄러미 바라보는 장호의 얼굴엔 부러움을 넘어선, 살짝 목이 막힐 것 같은 슬픔이 감돈다.

카지노를 턴 이후 이들의 뒤를 쫓는 추격자 한(박해수)이 피의 사냥을 시작하자, 끝내 부모님을 저버릴 수 없었던 기훈은 친구들에게 작별을 고한다. 하지만 장호는 끝까지 준석의 곁을 지킨다. 사냥감이 되는 대신 몸을 던져 마지막 폭격을 퍼붓는다. 또다시 세상에 외톨이로 남겨지는 대신, 함께 떠나는 쪽을 선택하는 것이다. "준석아, 나 이제 외롭지 않아. 나 이제 혼자 있고 싶어." 자신이 선택한 가족의 품에 안겨 영원히 잠든 장호는 외로움의 시간이 비로소 멈춘 얼굴이다.

안재홍이 쓰는 〈사냥의 시간〉

검색 사이트에 한 번씩 뜬금없이 '윤성현 감독'을 검색해보았다. 〈파수꾼〉을 아주 재미있게 보아서 전혀 알지도 못했던 이 감독님의 근황이 괜히 궁금했던 것 같다. 당연히 이런 얘기는 아무한테도 안 했었는데 〈사냥의 시간〉 시나리오를 받게 되었다. 오! 좀 반가우면서도 당연히 기분이 좋았다.

시나리오를 보는데 나는 딱 장호가 마음에 들었다. 지금까지 해보지 못했던 성향의 역할을 제안받았을 때의 흥분 같은 게 생겼다. 거칠게 살아내왔고 결핍을 많이 지닌 장호를 어떻게 하면 더 생생하게 표현할 수 있을까 싶어 반가웠다. 가족으로부터 버림받고 어릴 때부터 준석이와 기훈이 그리고 상수를 내 세상의 전부로 생각하게 되었고, 그들과 악착같이 버티면서, 또 무너지면서 살아왔을 장호를 입체적으로 그리고 싶었다. 같이 연기를 해보고 싶었던 배우들을 한 작품으로 만나면서 귀한 시간이라는 생각도 들었다.

장호는 어떤 아이일까. 장호를 준비하며 시나리오 한구석에 메모해둔 것을 여기에 옮겨본다.

장호. 연민. 정서. 감정. 결핍. 들개. 고아. 외톨이. 준석이랑 기훈이가 전부. 세상에 대한 분노. 왜 나를 낳아서. 원망스럽지만 살아가야지. 뭐. 약함을 보이지 마. 경계. 다른 사람에 대한 경계. 폭력에 노출. 그 기억. 트라우마. 어차피 내 편은 준석이와 기훈이뿐. 장호로서의 시선.

Otis
BTI

촬영장은 아주 험난했다. 해내야 할 게 아주 많았다. 힘들긴 해도 더 좋고 새로운 것을 위해 적당한 선에서 타협하지 않고 밀어붙여준 감독님에게 참 고마웠다. 좋아하는 배우들과 마치 전우애 같은 끈끈함으로 똘똘 뭉쳐서 부딪혀나갔었기 때문에 버틸 수 있었던 것 같다.

〈사냥의 시간〉은 나에게 참 의미가 큰 작품이다. 꼭 만나고 싶었던 감독님, 배우들과 아주 뜨거웠던 시간으로 기억될 것 같다. 뿌듯하다.

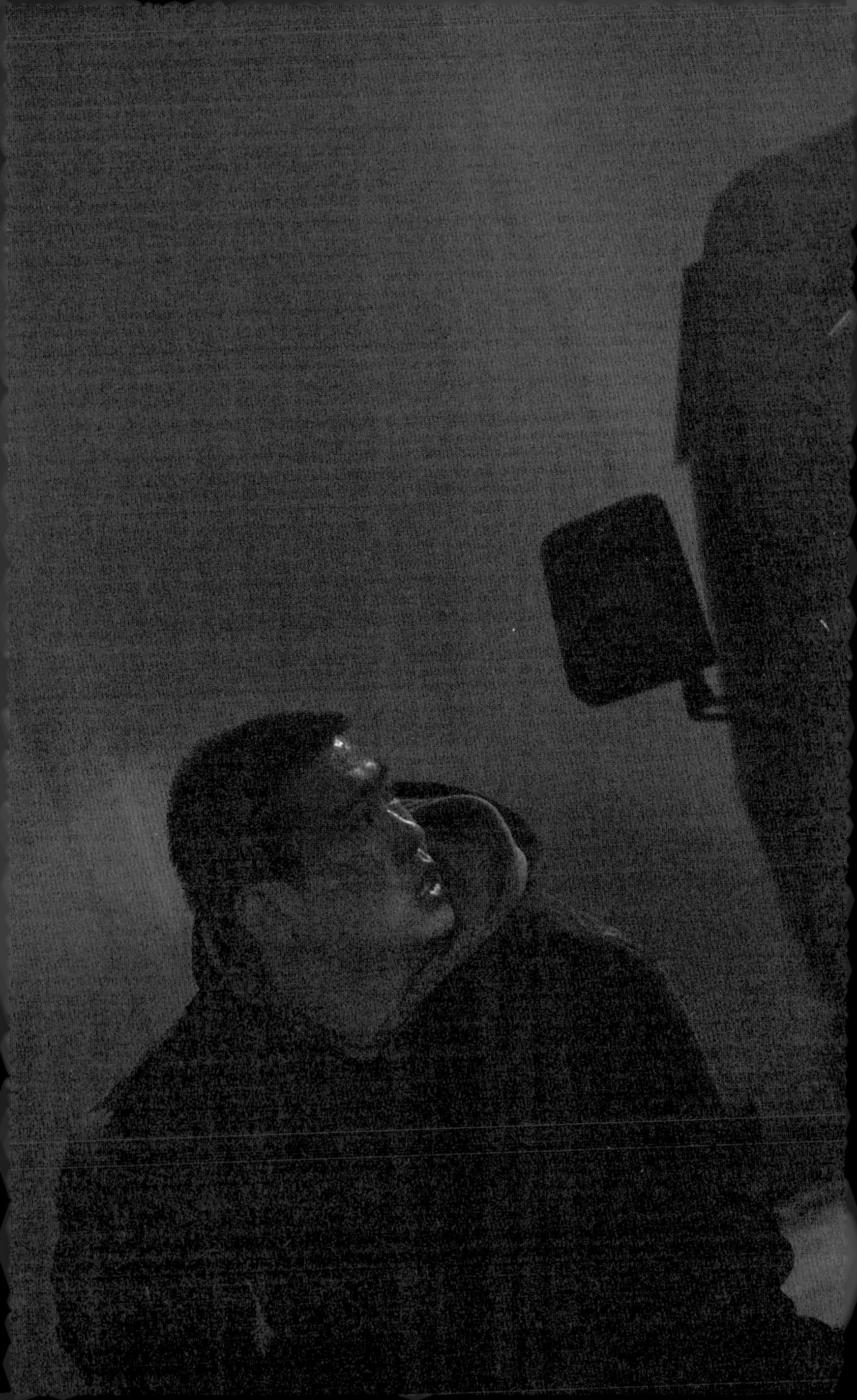

BEATS

〈출중한 여자〉
〈임금님의 사건수첩〉

비트(BEATS) 사용설명서

연기 목적을 달성하는 행동의 조각. 러시아 연출가이자 연기 교육자였던 콘스탄틴 스타니슬랍스키(Konstantin Sergeevich Stanislavsky)가 정의한 연기 행동(action)의 최소 단위, 'кусок'(한 조각)은 이후 스타니슬랍스키의 초기 시스템과 방법론을 적용한 미국 현대 영화인들에 의해 'Beat' 혹은 'Bit'로 번역해 사용되었다.

배우가 구현한 연기의 성취에 접근하기 위해 액톨로지(Actorology, 배우학)는 연출, 카메라 혹은 편집의 단위인 신(scene)과 숏(shot) 대신 '비트'를 그 단위로 삼는다. 하나의 신과 숏 속에 여러 개의 비트가 존재하기도 하고, 하나의 비트가 여러 신과 숏에 걸쳐 구현되기도 한다. 연기 비트의 분석은, 영화 비평이 그러하듯 연출자의 목적이나 배우의 해석과 다를 수 있다.

〈출중한 여자〉

두근두근 출중한 손바닥

TC
08:12–
10:05

윤성호 감독의 5부작 웹드라마 〈출중한 여자〉는 5년 후 〈멜로가 체질〉로 다시 만난 천우희, 안재홍 커플의 발원지 같은 작품이다. 특히 첫 에피소드는 '우정과 사랑 사이'를 끝내고 관계의 새 장을 열겠다고 결심한 사람들을 위한 교본이다. 재홍은 패션잡지 에디터인 우희(천우희)와 오래된 친구 사이이다. 우희와의 만남을 앞둔 재홍의 태도는 어딘가 긴장한 듯 보인다. 홀로 대화 시뮬레이션을 해보기도 하고, 가장 최적의 자리를 찾는 듯 이 의자에서 저 의자로 바꿔 앉아보기도 한다. 알고 지낸 지 딱 10주년을 맞이해 고백을 결심한 재홍이 잔뜩 긴장한 것과 달리, 분주한 전화통화와 함께 등장한 우희는 어제 만난 사람처럼 스스럼없다. 재홍은 문학소녀였던 우희가 고등학교 때 썼던 낭만적인 글귀들을 외워 읊으며 다정한 분위기를 조성한다. 그리고 현재 그녀의 연애 상태를 확인한다. "이제 내 차례가 온 건가? 우리 약속했잖아. 다음 아홉수 때 우리 옆에 사람 없으면은…." 재홍은 오로지 직진이다. 당황한 우희가 "지금 장난하는 거지?"라며 어색한 상황을 빠져나가보려고 하자 얼굴 가까이 바짝 다가가 "장난 같습니까?"라며 쐐기를 박는다. 이렇게 물러섬 없는 고백 후 물을 많이 마셨다며 잠시 자리를 비운다. 화장실을 다녀온 재홍은 예상치 않은 방식으로 국면을 전환한다.

Beat 1	"너 그거 알어? 남자들이 화장실 갔다 와서 거의 다 손 안 씻는다?"	가장 개인적인 고백을 털어놓은 후, 다시 자리에 앉은 재홍이 내뱉는 첫마디는 남성 전체에 대한 일반화다.
Beat 2	"우리 뒤에 테이블, 흰 티, 아까 분명히 큰일 보고 나왔거덩? 근데 거울 보고 구렛나루 이렇게 쓱쓱 만지고 그냥 나오더라고."	가시거리에 있는 구체적인 인물을 예시로 들어 앞의 주장을 더 실감 나게 이해시킨다.
Beat 3	"넌 안 그러지?" "일 보고 손 씻고 나오는 남자 거의 한 달에 한 번 볼까 말까? 거의 보기 힘든 희귀 동물이라고 할 수 있지. 내가 바로 그 희귀 동물이야. 너 멸종되기 전에 다시 한 번 생각해봐라."	나의 고백을 받아달라는 압박이나 마음을 알아달라는 간청보다 자신의 가치를 차별화함으로써 우희의 선택을 합리적이고 이성적인 판단으로 이끈다.
Beat 4	"홍아, 우리 사이에 무슨 제목 같은 거 붙어야 되나? 그냥 난 지금 이대로가 좋은데..."	슬며시 재홍의 손가락 끝을 만지작거리는 우희는 누구도 불편하지 않게 이 상황을 빠져나가려 한다.
Beat 5	"알어, 무슨 말인지 알어. 너 덜렁거리고 모순 많고 혼자 머리 막 쥐어뜯고…. 근데 자꾸 그거 보게 돼. 머리는 어떻게 잘 쥐어뜯고 있나, 왜 그런지 잘 모르겠어. 그게 요즘 말하는 천우희의 힘인가?"	함께한 역사와 그 시간 동안의 지속적인 관심, 상대의 약점마저 감싸 안는 남다른 애정을 확인시킨다. 그리고 살짝 자존감을 올려주는 한마디를 던진다.

Beat 6	"될 인연은 언제고 반드시 된다고 하는데, 나는 그런 거 안 믿어. 적어도 둘 중에 한 명은 노력을 해야 되는 거 아니겠어? 일단 나는 오늘 이렇게 한 번 시도를 해봤고, 어쩌면 계속 시도를 할지도 모르고, 나 하나는 이렇게 움직이고 있으니까, 일단 오늘은 여기까지만. 오늘은 여기까지만! 오케이?"	자신의 신념, 오늘의 상황, 지속적인 의지를 요점만 간단하게 전달한 후에는 더 이상 대화를 질질 끌지 않고 종료한다.
Beat 7	"여기 비누 냄새 되게 좋다?" "너 손 되게 크다."	느닷없고 갑작스러운 환기. 자기 손의 비누 냄새를 맡던 재홍이 그 손을 우희의 얼굴 앞으로 가져가서 겹쳤다가 다시 냄새를 맡고 다시 손을 우희의 얼굴에 가져다 댄다.
Beat 8	"너도 얼굴 되게 작다."	두 손을 뻗어 우희의 두 볼에 감싸며 그녀의 얼굴을 사랑스러운 눈으로 쳐다본다. 우희 역시 잠시 아득해지는 눈빛을 보낸다.
Beat 9	"갈까? 우리 이제 갈까? 가자··· 가는 길에 내려줄까?"	스스로도 두근대는 마음에 조금은 당황한 듯 급히 상황을 정리하고 그녀의 퇴로를 걱정해준다.

이 에피소드는 사실 비트 7, 8에 도달하기 위해 쌓아 올려졌다고 해도 과언이 아니다. 재홍은 통계, 추억, 진심, 신념, 이성과 감성의 영역을 동원한 말로 자신의 사랑을 표현한다. 하지만 그 방식으로는 10년 된 관계의 벽을 쉽게 뛰어넘을 수 없다는 것은 직감한다. 그때 재홍은 행동으로 승부수를 띄운다. 깜짝 놀랄 벽치기 키스가 아니다. 그저 우희를 향해 자신의 손바닥을 쭉 뻗는 것이다. 처음엔 물리적 접촉도 없다. 하지만 재홍의 손이 우희 눈앞의 세상을 가리는 찰나, 그것이 비누 향 때문이었는지 재홍의 크고 두툼한 손이 주는 안정감 때문이었는지, 분위기는 자연스럽게 얼굴을 감싸는 물리적 접촉까지 허락하게 만든다.

이 비트는 배우 안재홍의 페르소나들과 왜 관객들이 사랑에 빠질 수밖에 없는지를 확인시켜준다. 근육질의 카리스마 넘치는 짐승남, 가늘고 긴 손가락의 자기애 넘치는 꽃미남, 무색무취 소금남들의 시대를 거쳐 안전한 거리 앞에 당도한 멸종 직전의 남자. 위생관념 확실하고, 솔직하고, 늠름한데 다정하기까지 한 이 희귀 동물은 위협적이지 않은 육체의 언어를 통해 섬세한 멜로의 타이밍을 두근두근 낚아챈다. 〈족구왕〉의 안재홍이 일방적인 순정의 영역에 있었다면, 〈출중한 여자〉를 거치면서 안재홍은 탄성 좋은 멜로의 영역으로 점핑한다. 손 안의 패를 다 까고 원하던 패를 얻는 탁월한 비트다.

〈임금님의 사건수첩〉

짜증과 억울함의 황금비율

TC
42:40–
44:38

윤이서(안재홍)는 예문관에 배속된 신입 검열이다. "목숨이 다하는 순간까지 주상 전하를 섬기겠다"는 충직한 다짐 속에 입궐하지만 정작 자신에게 주어진 일은 기대와는 많이 다르다. "한 번 보고 들은 것은 절대로 잊어버리지 않는" 재능을 가진 이서의 쓰임새를 흥미롭게 받아들인 임금 예종(이선균)은 그에게 "이제 내 곁에서 5보(五步) 이상 떨어지지 말거라"라고 명한다. 결국 이서는 이름 대신 '오보'라고 불리며 세상에 대한 호기심으로 가득 찬 왕의 추리 보좌관으로 일하는 신세가 된다. 때마침 광나루에 나타난 '귀신 물고기'에 대한 흉흉한 소문으로 궐 밖이 시끄럽다. 궁금함을 참지 못한 왕은 작살을 들고 물고기잡이에 직접 나섰다가 물에 빠지고 이서 덕에 가까스로 목숨을 구한다. 지금 예종은 두 눈 앞에서 연기처럼 사라져버린 거대 물고기에 대한 의문으로 머릿속이 시끄럽다.

Beat 1	"에-윗 취!" "야, 오보야, 넌 아까 본 것이 진짜 귀신 물고기라고 믿느냐?"	이서의 재채기 소리가 임금의 생각의 맥을 끊는다. 예종은 먹을 갈고 있는 이서에게로 다가가 자기 머릿속의 의문을 함께 나눈다.
Beat 2	"전하께서도 직접 보시지 않으셨습니까?… 보았는데도 믿고 안 믿고가 어디 있겠습니까?"	이서는 분명히 눈으로 본 것을 의심하는 임금이 당황스러워 목소리가 살짝 떨릴 정도다.
Beat 3	"달리 이상한 점은 없었느냐?" "워낙에 정신이 없던 터라, 특별히…."	예종이 재차 묻자 생각하는 척 대답을 하긴 하지만 역시 별 생각이 없다.
Beat 4	"야– 야! 너는 나를 졸졸 따라다니면서 귀찮게만 시끄럽게만 하지 말고 가끔 이렇게 도움도 되고 좀 그래야 되지 않겠냐? 어?"	자신만큼 이 사건에 진심으로 몰두하지 않는 이서에게 임금은 격식을 내려놓고 짜증을 낸다.
Beat 5	"소신이 오늘 전하의 생명을 구하…."	갑작스러운 임금의 짜증을 당황한 듯 쳐다보던 이서는 임금이 말한 '도움'의 측면에서 자신이 분명 역할을 하였음을 밝히려 한다.
Beat 6	"너 지금 생색내냐? 지금 씨-"	말이 막히자 허공에의 발길질로 짜증을 전하는 전하. 그 공격을 오른쪽으로 몸을 살짝 비켜 빠르게 피하는 이서.

Beat 7	"가만히 앉아 있지 말고 뭐 하나라도 좀 기억을 해보거라, 좀! 그림 다 그렸는데 먹은 또 왜 갈고 있니? 답답하다 답답해, 아휴."	짜증의 강도를 높여가며 애꿏은 먹 타령을 하는 임금을 보며 이서는 이제 뭐라도 해야 하는 타이밍이라는 것을 눈치채고 일어선다.
Beat 8		잠시 우두커니 멍하게 서 있던 이서는 두 눈을 질끈 감고 검지와 중지로 양쪽 관자놀이를 꾸욱 누르는 것으로 남다른 기억력의 시동을 건다.
Beat 9	"왜? 뭐 기억나는 것이 있느냐?"	잔뜩 호기심 가득한 눈으로 이서에게로 다가가는 예종.
Beat 10	"전하!" "깜짝이야." "귀신 물고기의 아래 쪽에… 큰… 거북이가 한 마리 보였습니다."	기억의 바다로 풍덩 빠졌다가 손가락을 풀고 눈을 떠 다시 현실로 돌아오는 이서. 자신이 본 것을 그대로 임금에게 고한다.
Beat 11	"거북이?" "예."	그가 본 것이 어쩐지 결정적인 단서가 될 것을 예감하며 진지해지는 예종과 이서의 얼굴.

'내가 꿈꾸던 직장'과 '직장이 꿈꾸는 나'가 다를 때 비극은 시작된다. "15년을 공부해서 장원급제까지" 했지만 현실은 임금의 추리를 돕기 위해 돼지를 통으로 등에 지고 옮겨야 하는 "백정" 신세라니. 이서는 궁에서의 매일이 그저 계속 당황스럽고 억울하다. 그러나 적극적이고 싹싹한 타입도 아니고, 두 번 묻게 만드는 고약한 재주가 있으며, 잠도 많고, 의외로 비위도 약한 이서를 예종은 자꾸 옆에 두려 한다. 대신 "알토란같이" 괴롭히면서 말이다. 어느덧 애증의 '애착 사관'이 돼버린 신하와 왕은 죽음의 문턱까지 함께 다녀온다. 이어지는 장면은 두 주인공의 상반된 삶의 태도가 만들어내는 불협화음이 별다른 대사 없이도 웃음을 자연 생성시킬 수 있음을 보여준다. 의욕 과다의 외향형 보스와 잠재 능력을 좀처럼 드러내려 하지 않는 내향형 직원의 잘못된 만남은 이선균의 짜증과 안재홍의 억울함이 황금비율로 배합되면서 코미디의 길로 매끄럽게 진입한다. 특히 즉각적인 대답이나 행동 없이, 눈을 끔뻑거리며 쳐다보거나, 멀뚱하게 서 있는 안재홍의 포즈(pause)와 아랑곳하지 않고 계속 그를 당황시키며 마침내 재능을 드러내게 만드는 이선균의 노련한 조련의 앙상블은 버디영화(Buddy Film)가 주는 즐거움 그 자체다.

TESTI
MONY

김태곤 × 우문기 × 전고운

'광화문 시네마'가 증언하는 안재홍

2012년 '텀블벅'에는 '독립장편영화—1999, 면회(가제)—후반작업'이라는 새로운 프로젝트가 올라왔다. '광화문 시네마'라는 낯선 이름의 제작사의 김태곤이라는 신인감독은 "너무나 즉흥적"으로 시작된 〈1999, 면회〉라는 영화가 피디, 감독, 촬영감독의 "즉흥적인 투자"와 함께 1,000만 원이라는 저예산으로 만들어지다 보니 "후반 작업비에 대한 대비책이 없어" 결국 텀블벅 후원 페이지를 열게 되었다고 설명한다.

물론 영화 제작이라는 것이 "거대한 자본에 의해서가 아니라, 이렇게 즉흥적이고 작은 시작으로부터 완성될 수 있다는 것을 실험해보고 싶었다"는 그럴싸한 포부도 덧붙여놓았지만, 그 진위 여부는 알 수 없다.

"56년 만의 강추위에 몸살을 겪고 있는 철원", "변기가 하나밖에 없는 마을회관에서 11박 12일", "새끼발가락 동상" 같은 구체적인 숫자, 지명, 신체부위와 증상까지 언급하는 '조금은 슬픈' 제작기 다음엔 이 영화에 참여한 '조금은 생소한' 배우들에 대한 소개가 이어진다. 상원 역의 심희섭에게는 "제2의 박해일"이라는 수식을, 민욱 역의 김창환에 대해서는 "연기력을 인정받고 있는 배우"라고 소개하지만, 그사이에 낀 안재홍에 대한 설명은 이러했다.

> "승준 역을 맡은 안재홍 군은 건국대학교 연극학과를 졸업하였고, 홍상수 감독님의 〈북촌방향〉 대학생 역할로 스크린에 데뷔하였습니다."

끝. 짠내 나고 드라마틱한 제작기와 대조적으로 실로 무색무취, 무미건조한 이력서 같은 배우 소개가 아닐 수 없다. 심지어 안재홍은 '연극학과'가 아니라 '영화과'를 졸업했다. 어쨌든 "여러분의 후원금이 빛이 되어 스크린에 뿌려질 것입니다"라는 희망차고 찬란한 마지막 선언 덕인지 이 프로젝트에는 총 55명의 후원자가 참여했다. 그리고 목표 금액인 600만 원을 1% 넘긴 607만 2천 원이 모여 101%의 달성률을 기록했다. 그렇게 영화 〈1999, 면회〉는 후반 작업을 무사히 마치고 2012년 부산국제영화제, 서울독립영화제를 거쳐 2013년 로테르담국제영화제에 초청되었고 2013년 2월 21일 공식 개봉하게 되었다. 〈북촌방향〉의 대학생 역할로 잠시 등장했던 안재홍이 1999년의 재수생 승준이의 옷을 입고 마침내 빛이 되어 스크린에 뿌려진 것이다.

김태곤, 권오광, 우문기, 이요섭, 전고운 감독 등 한국예술종합학교 영상원 전문사 13기 동기들이 합심해서 만든 영화제작사 '광화문 시네마'는 기존 상업 영화들의 취향에서는 살짝 비껴나간, 흥미로운 '돌연변이' 같은 영화들을 충무로에 하나둘 선보여왔다. 그리고 그 모든 작품엔 '광화문 시네마의 아들', 배우 안재홍이 있다. 광화문 시네마의 첫 영화 〈1999, 면회〉 당시 미술감독(이라고 쓰고 의상 및 분장, 출연)이었던 우문기 감독과는 〈족구왕〉을 함께하며 독립영화계의 스타로 등극했고, 〈1999, 면회〉의 제작 및 투자(라고 쓰고 요리, 배식 및 각종 잡무)를 담당했던 전고운 감독과는 〈소공녀〉로 다시 조우했다. 이요섭 감독의 〈범죄의 여왕〉에는 고시학원에서 손가락 '따봉'을 날리며 '합격탕' 효과를 찬양하는 학생으로 잠깐 등장하고, 김태곤 감독이 외부에서 연출한 〈굿바이 싱글〉에서도 톱스타 주연(김혜수)의 다정한 산부인과 주치의 역으로 다시 한 번 인연을 이어갔다. 자신의 시작과 성장 그리고 현재를 가장 가까이서 지켜봐주는 창작그룹이 있다는 건 배우로서 얻은 흔치 않은 행운이다. 또한 그 시간 속의 피어나는 고민을 기꺼이 들어줄 형과 누나가 있다는 것은 인간으로 누리는 큰 복이다.

배우 안재홍에 대해 조금 더 깊고 구체적인 증언을

듣기 위해 광화문 시네마 감독님들에게 만남을 청했다. 마침내 4월 1일, 김태곤, 우문기, 전고운 감독은 새 영화 〈사일런스〉의 막바지 촬영과 차기작 준비, 시나리오 마무리로 바쁜 가운데에도 기꺼이 시간을 내어 배우연구소로 모여주었다. 9년 전 '조금은 생소'했지만 이제는 조금도 생소할 수 없는 배우 안재홍에 대한 이야기를 나누는 시간은 만우절답게 거짓말처럼 빨리 흘러갔다.

날짜: 2021년 4월 1일 오후
장소: 서울 종로구 '백은하 배우연구소'
증인: 감독 김태곤 〈1999, 면회〉 〈굿바이 싱글〉
감독 우문기 〈족구왕〉 〈슬픈 씬〉
감독 전고운 〈소공녀〉

"어떻게 만났습니까?"

전: 〈1999, 면회〉의 배우를 찾으면서 당시 한예종을 비롯해서 지금 되게 잘된 배우들까지 꽤 많은 사람이 오디션을 봤어요. (안)재홍이는 건국대학교 바로 한 해 후배였는데 제가 연락을 했어요. 그런데 두 사람은 왜 처음엔 별로라고 생각했지?
김: 오디션을 되게 못 봤잖아. 다른 역에 캐스팅된 (김)창환이는 독립영화계에서 경험이 꽤 많던 배우였고, (심)희섭이는 누구든 반할 것 같은 느낌에 뭔가 끌림이 있잖아요. 그런데 재홍이는 그냥 너무 학생 같았어요. 너무 예의 바르다고 해야 할까. 이런 태도면 과연 연기를 할 수 있을까, 싶을 정도로. 재홍이는 지금도 자기 얘기를 잘 안 하는 편이지만 그때는 더 자기를 드러내거나 어필하려고 애쓰지 않았어요. 그러니까 매력을 잘 모르겠고. 성실해 보이기는 하는데 시키면 시키는 그대로만 할 것 같은 느낌이 들었어요. 그래서 고민이 많았죠. 하지만 이미 김한결 감독의 〈술술〉 같은 단편들을 봤고 그 안에서 확인된 연기가 있었기 때문에 일단 믿고 가보자 생각했죠. 셋이 진짜 친구처럼 보여야 한다는 걸 가장 큰 미션 삼아 함께 어울려 다니면서 저희 집에서도 먹고, 자고, 술도 많이 먹었죠. 꼭 작품에 대한 이야기를 한다기보다는, 친구처럼 지내면서 자연스러운 대화도 많이 하며 시간을 보냈어요. 그러다 보니 안재홍 배우가 갖고 있는 매력들이 조금씩 보이더라고요.

김: 촬영하면서 느꼈던 건, 오히려 이 세 배우 중에서 연기에 대한 열정은 제일 크다는 거였어요. 드러내고 표출하지는 않지만 막상 연기를 시작하면 카메라에게 나를 봐달라는 욕심을 제일 부리는 배우였어요. 〈1999, 면회〉는 현장의 자연스러운 분위기, 때론 애드리브가 어떤 결을 만들어가는 영화였잖아요. 그렇게 대사가 많지 않은 와중에도 재홍이는 카메라 한편에서 어떤 설정을 계속 하고 있어요. 술 취해서 누워 있는 장면이면 그냥 가만히 누워 있을 수 있잖아요. 그 상황에서도 다리를 조금 특이하게 꼰다든지, 하여튼 계속 뭔가를 하는 거예요. 나중에 촬영 중반쯤 넘어갔을 때는 다른 배우들이 "아휴, 재홍이!" 할 정도였죠. 약간 능구렁이 같달까, 곰 같은 여우 같달까.

전: 세상 귀여운 여우지. 호돌이같이 생겨가지고.

김: 사실 처음에 본 재홍이는 되게 잘생긴 거예요. 그래서 살이 좀 있으면 좋겠다 했죠. 그랬더니 정말 살을 많이 찌워 왔어요. 그 정도로 본인이 욕심을 갖고 달려든 캐릭터였던 것 같아요. 아, 그리고 정말 깜짝 놀랄 만한 능력이 있어요. 나중에 촬영 끝나고 후반 작업하면서 알았는데, (이 영화에서 유독 먹는 신이 많았거든요) 세 명이 같이 먹는 장면을 편집하는데 재홍이는 모든 테이크에서 자기가 한 행동들의 순서를 정확하게 기억하고 똑같이 연기하는 거예요.

우: 나도, 나도. 그걸 다 진짜 맞춰요. 그러니까 '이 대사를 할 때쯤엔 쌈을 쌌고 대사하기 전에 쌈을 먹었고' 하는 동작을 컷마다 루틴을 다 만들어서 연기하고 있더라고요.

전: 맞아요. 재홍이는 콘티뉴이티를 맞춰서 정말 똑같이 해요. 무서울 정도예요. 귀신, 귀신. 기계, 기계.

우: 저희가 만든 세 작품, 〈1999, 면회〉 〈족구왕〉 〈소공녀〉의 편집자가 다 같은 분이거든요. 편집하다가 그러셨어요.

〈1999, 면회〉

야– 재홍이 봐라, 진짜 다 똑같다?

전: 매번 대사나 애드리브는 달라도 몸의 동작은 정확히 맞는다는 게 너무 신기했죠.

김: 감독 입장에서는 편집하기 너무 편하니까 너무 감사하죠. 그리고 배우 입장에서도 자기 커트가 안 날아가게끔 하겠다는 계산이 있다는 거죠.

우: 생존 본능인가.(웃음)

김: 당시만 해도 아직 학생이었고 겨우 단편영화 몇 편 했던 친구인데 그런 욕심을 부리고 욕심에 맞는 기술을 이미 갖고 있다는 점이 놀랍더라고요.

전: 사실 경험이 없다는 건 오해인 게, 재홍이가 건대 다닐 때 우리 과 에이스였단 말이에요. 저희 학교가 매 학기마다 단편을 모두가 찍어야 했는데 시나리오 쓰면 재홍이한테 제일 먼저 보여주는 분위기였어요. 솔직히 내 졸업 작품도 재홍이한테 줬었는데 까였어요. 그때 내가 '복수할 거야!' 이를 갈았는데.(웃음) 내 시나리오를 깐 이후에도 너무 싹싹하고 친근하게 잘 대해주니까 미움이 안 생기더라고. 어쨌든 재홍이는 학생 영화라고 해도 작업을 굉장히 많이 했던 편이라 기본기가 탄탄할 수 있었던 거죠. 그러니까 내가 추천했지,

그 수많은 연기 전공자들 중에서!

우: 아, 그래? 난 또 흙 속에 있는 진주를 우리가 건져 온 줄 알았지.

"겪어보니 어땠나요?"

김: 〈1999, 면회〉 때는 저희가 방도 없는 마을회관에서 그냥 진짜 이불 덮고 잤을 만큼 환경적으로는 되게 힘들었는데, 팀워크가 정말 좋았어요. 거기에 재홍이가 큰 몫을 했죠.

전: 현장에서 제가 밥을 했어요. 급식판 사서 나눠주고. 그런데 재홍이가 그 밥을 누구보다 맛있게 먹어주는 거예요. 그게 진짜 고마웠어요.

우: 고운이 어머니가 국 끓여서 현장으로 보내주셨어요.

전: 그때만 해도 자기 연기하느라 힘들 텐데 고생하고 있는 제 마음을 알아주고 스태프를 살펴주는 마음이 느껴져서 진짜 좋은 친구구나, 생각했죠.

김: 우리가 〈1999, 면회〉 촬영할 때만 해도 아직 〈응답하라 1997〉도 안 나왔던 때였는데 고운이가 아이디어를 냈어요. 패션부터 다마고치, 핑클 같은 소재로 엑스세대 시대를 복고풍으로 그리면 너무 재미있겠다고. 결정적으로 재홍이가 어느 날 블루클럽에서 이발을 하고 와서 90년대 안경테까지 딱 끼고 들어왔어요. 그러더니 "감독님, 저는 이제 된 거 같아요"라고 하더라고.

우: 아… 됐다.

전: 감 잡았다!

우: 극 중에 승준이가 입은 옷엔 태곤이 형 옷, 내 옷, 촬영감독님 옷 다 섞여 있었죠.

전: 노란색 아디다스 후드티는 우리 친오빠 옷.

김: 프리 단계에서 여러 가지 의견을 많이 주고받는 편이고, 오히려 촬영장에서는 큰 질문이 없어요. 대신 현장에서는 코

미디 호흡을 귀신같이 찾아요. 제가 생각하는 코믹적인 요소는 사실 대사에도 있지만 시간차로 치고 들어오는 호흡에 있거든요. 그런 이해력이 유독 빨라요. 둘이 이야기를 하다 보면 깔깔대고 웃는 포인트도 좀 비슷했던 것 같고. 그런 것들이 제가 시나리오를 쓴 〈족구왕〉에서 많이 들어갔죠. 〈족구왕〉도 일부러 웃기려는 대사나 상황보다 호흡으로 웃기는 부분이 많잖아요. 결국 재홍이의 호흡 때문에 살아난 장면도 많았죠.

"계속 함께 갈 생각이었습니까?"

김: 다들 만족스럽게 영화를 끝내고 〈1999, 면회〉가 부산국제영화제까지 초청되었고, 배우들끼리 사이도 너무 좋고 팀워크도 참 좋았어요. 그런데 보통 신인배우들이 다 그렇듯 세상에 알려지는 속도는 서로 차이가 나게 마련이잖아요. 그 당시에 창환이가 드라마 〈학교 2013〉에 캐스팅되고, 희섭이도 〈변호인〉에 들어가고, 재홍이만 다음 작품이 없는 상황이었죠. 그때 둘이서 여의도에서 낮술을 먹었던 적이 있어요. 빼갈을 한 다섯 병쯤 먹었나. 재홍이가 "아, 형. 저 이제 어떻게 해야 하죠?" 그러더라고요. 그만큼 배우로서 욕심이 있었던 거죠. 그래서 "너 진짜 잘될 거다"라고 했어요. 어떤 면에서는 위로 섞인 말이기도 했지만, 저는 정말 재홍이가 잘될 것 같은 예감이 있었거든요. 한 작품 같이 하면서 느낀 가능성도 충분했고, 〈족구왕〉 시나리오도 이 친구를 떠올리면서 쓸 정도였으니까. 아니나 다를까 〈족구왕〉 이후로 너무 잘되는 걸 보면서 놀라기보다는 그래, 예상대로 잘 가고 있구나, 했어요.

우: 그래? 나는 그때 재홍이가 진로에 대한 고민이 많았는지는 전혀 몰랐는데? 〈족구왕〉은 캐스팅을 고민하고 말고 할 기회가 없었어요. 태곤이 형이 각본을 재홍이를 생각하

고 쓴 걸 알고 있으니까, 다른 사람은 아예 떠올리지도 않았죠. 또 본인도 의욕이 굉장했고요. 〈1999, 면회〉가 로테르담 영화제에 초청돼서 배우들이랑 태곤이 형, 문상원 촬영감독이랑 유럽여행을 했는데, 그때 상원이 형이 "야, 문기가 지금 서울에서 시나리오 쓰고 있는데 빨리 출연하고 싶다고 어필해"라고 한 모양이에요. 그날부터 재홍이가 유럽 곳곳에서 저에게 사진을 보냈더라고요. 족구 하는 폼으로. 그러면 저는 놀리고 싶은 맘에 "너한테 줄 생각 없는데?"라고 튕기고, 그럼 또 보내고. 이후로도 맨날 영화사 사무실에 와 있기도 했고…. 뭐랄까, 사귀자는 말 없이 이미 사귀고 있는 느낌?

김: 만섭이 캐릭터는 원래 〈1999, 면회〉에서 돈 대신 받으러 온 다방 삼촌이랑, 〈족구왕〉에서 해병대 학생으로 나온 진태철 형을 모델로 했어요.

우: 우리 현장의 유행어 담당인 형이었어요. 정말 열악한 상황에서도 "와- 너무 좋지 않나-" 이러고, 우리 막 추위에 떨고 있으면, "아이고 문기야- 나중에 이날을 기억할 수 있게 해주는 이 추위에 고마워해야 하지 않겠나-" 그런 사람이었어요.

전: 그 오빠는 맨날 좋아, 맨날. 영하 20도에서도 "캬- 좋다!" 이러고.

우: 그렇게 만섭은 세상에 없는 캐릭터였으면 좋겠다고 생각했어요. 너무 우직하기도 하고 너무 긍정적이고 걱정도 하나 없는. 그런 면에서 예민하고 조심성도 많은 편인 재홍이랑은 조금 다를 수도 있는 캐릭터였죠. 그러다 예고편을 찍었을 때 확신이 들었어요. 그날 촬영 시간이 별로 없어서 별다른 디렉팅도 없이 빨리빨리 찍는 분위기였는데, 마지막에 재홍이가 돌아보면서 씩 울 듯 말 듯한 표정을 짓는데, 와- 저 얼굴이 내 마음속에 있던 만섭이라는 생각이 딱 들더라고요.

"(족구)왕이 될 상이었나요?"

우: 〈족구왕〉에서 만섭이 마침내 자기 이야기를 영어로 풀어놓는 신은 정말 연습을 어마어마하게 했던 모양이더라고요. 원테이크로 찍었는데 너무 완벽해서 한 테이크 만에 오케이가 났어요. 사실 만섭이는 자기감정을 드러내는 캐릭터가 아니잖아요. 그러다 보니 이 배우가 얼마나 연기력이 좋은가를 가시적으로 보여줄 기회도 많지 않았죠. 하지만 그 장면 찍고 나서 상대 배우들이나 스태프들도 많이 놀랐던 기억이 나요.

김: 만섭은 정작 자기 자신이 성장하는 인물이 아니에요. 남들이 봤을 때는 병신 같고 시대와 맞지 않는 이야기를 하는 만섭이 갑자기 등장하면서 사람들 깊숙한 곳에 있는 욕망들이 살아나고, 결국 만섭이 믿는 가치가 소중한 것이었다는 걸 깨닫게 만들어서 마침내 주위 사람들을 변하게 만드는 캐릭터죠. 영화 전체가 코미디 장르처럼 보인다고 해도 정작 이 인물은 의도적으로 웃기려고 노력하면 안 되는 위험성이 있었죠. 아마도 안재홍 배우가 만섭을 튀어 보이려고 우스꽝스럽게 연기했다면 관객들에게 이런 큰 사랑은 못 받았을 거예요. 뭐든지 진심을 다하는 게 느껴졌죠.

우: 안나도, 복학생 형도, 미래도 창호도, 만섭의 주변 인물들의 톤이 다 다르고, 영화 내에도 여러 장르가 섞여 있는데, 이 모든 이질적인 요소들이 모두 만섭이라는 캐릭터로 엮여 들어가야 하잖아요. 그때는 몰랐는데, 나중에 보니까 재홍이가 모두에게 다 맞춰주고 있었더라고요. 본인을 드러내지 않고 나서지도 않는데 그 다양한 톤 중간 어디쯤에서 자신을 조금씩 움직이면서 맞추고 엮어주고 있더라고요. 저는 그런 주문을 한 적이 없는데 말이죠. 그런 건 아무나 가지고 있는 능력은 아닌 것 같아요.

김: 최종 족구대회는 우문기 감독님의 힘이자 장기인 거의

〈족구왕〉

만화적인 상상력이 다 동원된 장면이잖아요. 막 학과마다 황당한 기술들을 선보이고. 그래서 저는 뒤에서 보면서 '저래도 괜찮나?' 그랬단 말이에요. 그런데 재홍이도 똑같은 고민을 하면서, "형… 괜찮을까?" 이러는 거에요. 그래서 "야, 문기를 믿어보자" 했죠.

우: 진짜 그랬다고? 나한테는 그런 얘기 안 했는데….

김: 아마 저는 작가이기도 하고 전작을 함께했던 사람이니까 "형, 이거 괜찮아요?"라고 물어볼 수 있었겠죠. 당장 같이 찍고 있는 감독한테 본인의 불안함을 드러내는 배우는 아닌 것 같아요. 안재홍은 감독의 의도를 일단 믿고, 감독이 하자면 해야 된다는 생각을 기본적으로 하는 배우예요. 거기에 최선을 다하는 배우인 것 같고. 물론 자기 의견이 있다면 그걸 슬쩍 던지고 이야기를 하고 의논하되, 자기주장을 끝까지 밀어붙이는 스타일은 아니죠.

우: 나는 재홍이가 되게 자유롭게 즐기고 있다고 느꼈는데. (일동 폭소) 저는 〈족구왕〉 찍을 때 연출자로서 의지한 것도 있지만, 열악한 환경을 함께하는 친구로도 의지를 많이 했어요. 재홍이가 분위기도 띄우고, 지쳐 있으면 응원을 해주기도 하고 여러 가지로 도움을 많이 받았죠. 그래서 오히려 나는 좀 흔들릴 수 있지만 재홍이는 되게 감 잡은 것 같다 싶었어요. 그런 고민이 있었는지는 전혀 몰랐어요.

"멜로가 체질입니까?"

김: 〈1999, 면회〉의 승준이는 남자들이 봤을 때는 좀 뭐랄까, 골려먹기 좋은 만만한 친구지만, 저는 이 친구가 충분히 남자 친구로서의 매력이 있다고 생각해요. 나름 귀엽고, 옆에 있으면 배신 안 할 것 같고. 에스더가 민욱이 대신 승준이를 선택한 이유는… 군대 간 남자를 이기는 건 너무 쉬운 일이니까요.(웃음)

전: 승준이라는 캐릭터가 그 셋 중에 제일… 집이 괜찮아.(일동 폭소) 아빠가 차도 주고 카메라도 있고. 무난한 집에 사연이 좀 덜해 보이고, 그리고 제일 마초적이지 않은 것 같은데? 그런 부분이 재홍이랑 비슷하기도 해요. 그래서 여자들이 느끼기에 제일 편하고 내 민낯을 보여주기 쉬운 캐릭터랄까.

김: 승준이는 군대 간 친구의 여자 친구를 현재 사귀고 있는 상황이잖아요. 되게 얄미운 캐릭터가 될 수 있는 역할이죠. 그런데 그런 상황을 그 나이라면 충분히 그럴 수도 있겠다 싶게, 너그럽게 봐줄 수 있는 캐릭터로 만들었던 건 안재홍 배우의 힘이죠.

전: 저도 셋 중에 사귀라면 승준이랑 사귈 것 같은데요? 어쩌면 안재홍 배우가 멜로에 많이 나오는 이유는 (저를 포함해) 영화나 드라마 창작자 분들의 세대가 교체되면서 그들이 그리는 남자 캐릭터에 변화가 생기기 때문인 것 같아요. 과거 남자 친구라고 하면 "애기야, 가자!" 하면서 신데렐라들을 구해주는 캐릭터들이 인기였잖아요. "밥 먹을래, 나랑 사귈래!" 하는 터프한 남자거나. 하지만 지금은 〈소공녀〉의 한솔이같이 여성을 아래로 보지 않고 평등하게 대하고, 그냥 있는 그대로 사랑하는 다정한 남자를 이상적으로 생각하는 것 같아요. 그런 캐릭터에 안재홍 배우가 참 걸맞잖아요. 실제 본인도 그렇고. 그래서 미소의 이상적인 남자 친구 역을 떠올리면 당연히 안재홍이었지만, 저는 솔직히 〈소공녀〉 시

나리오를 재홍이한테 주고 싶지 않았어요. 그때 이미 안재홍은 스타였죠. 그래서 이 시나리오를 주면 오히려 너무 해줄 것 같은 거예요. 의리가 있으니까. 그게 싫었어요. 저도 감독으로서 자존심이 있으니까 그런 의리로 작업을 하고 싶지 않았죠. 그런데 이솜 배우가 돌려서 이야기했어요. 안재홍 배우를 너무 좋아하고 '꼭' 같이 작업해보고 싶다고. 그래서 알았죠. 아, 데리고 오란 소리구나. 그렇게 재홍이가 캐스팅되고 나서 한솔이 캐릭터는 훨씬 구체화될 수 있었죠. 재홍 배우와 이솜 배우랑 사전 리허설을 많이 했고 즉흥극도 많이 했는데 그 둘 궁합이 너무 좋은 거예요. 사실 보기만 해도 참 좋았어요. 그들이 노는 걸 저는 그냥 받아먹으면 되는…. 편하게 작업했고 둘이 신나서 그 인물들에 빠져 들어갔죠. 한결이 종이가방을 들고 다니는 것도 그냥 실용적인 선택이었어요. 홍상수 감독님 영화를 보면 주인공들이 비닐봉지 많이 들고 다니는데,(웃음) 환경을 생각해서 종이가방 들고 다니는 무해한 남성 캐릭터를 만들고 싶었어요.

〈소공녀〉

"전고운 vs 김태곤 vs 우문기?"

전: 재홍이는 누구에게나 한결같이 잘하지 않나?

김: 저랑은 그냥 작품 선택할 때나 고민 있을 때 만나서 상의하는 상대고, 우리 중 인간적으로 제일 친한 건 고운인 것 같은데?

전: 에이, 문기 오빠한테 제일 친밀감을 느끼지 않을까?

우: 나는 작품 선택할 때는 연락 안 해. 그냥 우리는 만나서 추억팔이 많이 하지. 옛날이야기 많이 하고. 전고운 감독과는 '같이 만들어간다'는 느낌이 있다면, 저랑 할 땐 오히려 자기가 준비해온 것을 먼저 한 번 펼쳐 보이고 "감독님, 골라주세요" 하는 식이었죠. 못 미더워서 그랬나?(웃음)

전: 저는 아직도 〈소공녀〉는 재홍이가 해줬다는 생각을 해요. 주인공이 아닌데도 올 수 있는 모든 시사회에 다 참여해주고 뉴욕 아시아 영화제까지 같이 가줬어요. 그때 이솜 배우가 촬영 때문에 갈 수 없는 상황이었거든요. 둘이 같이 낯선 곳에 가서는 완전 다른 모습을 많이 봤던 것 같아요. 둘 다 이방인으로 온 곳에서는 동생 같지 않고 되게 조용히 잘 이끌어주는 듬직한 오빠 같더라고요. 제가 뉴욕 갔을 때 물었거든요. "재홍아, 너 왜 글 쓰고 연출해?" 그랬더니 진지하게 그랬어요. "누나, 저 이제 절필했습니다." 〈검은 돼지〉 시나리오 쓰고 연출하는 게 너무 머리가 아프고 진짜 죽는 줄 알았다고. 그러고 나서 한 1, 2년 후에 〈울렁울렁 울렁대는 가슴안고〉를 또 연출한다고 했을 때 엄청 놀리기도 했죠.

우: 태곤이 형도 왜 감독 하냐고 물어본 적 있어요?

김: 나는 왜 연출 하는지는 물어보지 않았는데, 짐작하건대 재홍이는 배우만 해야겠다는 생각보다 크게 '영화를 만들어 간다'는 생각을 하는 것 같아요. 처음 데뷔하자마자 큰 상업 영화 주인공을 했던 배우들과는 다른 게, 학창 시절에 홍상수 감독님을 옆에서 보았고, 이후 광화문 시네마와 작업해나

가면서 '이런 식으로도 영화를 찍을 수 있구나'라는 걸 자연스럽게 익힌 게 아닐까. 집단이 영화를 만들어나가는 경험을 어릴 때부터 함께해왔고. 물론 그런 방식이 쉽지 않다는 것은 알지만 어느덧 큰 산업 안에서 작업을 한 편, 두 편 하다 보니 다시 이런 방식의 영화 찍기가 그립지 않았을까, 하는 추측을 해요. 저도 요즘 사실 그렇고요. 참, 〈울렁울렁 울렁대는 가슴안고〉 찍고 나선가 재홍이를 만났는데, 이제 정말 감독들한테 잘해야겠다는 생각이 들었다고 하더라고.(웃음)

전: 이솜 배우가 사람 보는 눈도 좋고, 작업할 때도 되게 예리하거든요. 안재홍이 배우로서도 너무 좋았지만 감독으로서도 너무 좋았다고 하더라고요. 너무 의심할 게 없었다고. 그런데 안재홍 감독님, 되게 독하대요!

"이 배우의 넥스트가 보이십니까?"

김: 〈족구왕〉으로 부산국제영화제에 갔을 때 상영이 끝나고 재홍이 아버님이 저한테 슬쩍 오시더니, 살짝 웃음기 머금은 부산 사투리로 "감독님, 자(쟤) 안 되겠죠?"라고 하시는 거예요. (일동 폭소) 그래서 제가 그랬죠. "아닙니다, 아버님. 크게 될 겁니다!" 실제로 정말 그렇게 생각해요. 안재홍은 배우를 오래 할 것 같다고. 그건 일단 인간적인 태도 때문인 것 같아요. 막 들뜨지도 않고, 잘 지치지도 않고, 묵묵하게 하는데 또 굉장히 영리하고. 〈족구왕〉 때도 뭔가 튀려고 욕심 부리고 그게 들켰으면 실망했을 텐데 그렇지 않았거든요. 어린 나이인데도 내실이 탄탄하다고 할까. 아버님한테도 이렇게 말씀드렸던 것 같아요. 그랬더니 제 손에 흔쾌히 신용카드를 쥐여주셨죠.(웃음)

우: 그 카드로 우리는 미포에 있는 횟집에 가서 회식을 했어요.

김: 그리고 또 하나, 안재홍은 여전히 사람들을 궁금하게 만들잖아요. 저도 아직 이 친구를 잘 모르겠거든요. 막 내려놓

고 자기를 드러내는 그런 사람이 아니에요. 그런 배우도 아니고. 어떤 면에서 필립 세이무어 호프먼과 비슷하다고 생각해요. 그리고 그 배우처럼 폭발력 있는 캐릭터를 맡으면 안재홍은 또 어떤 모습일까 기대돼요.

우: 재홍이는 항상 제 캐스팅 리스트에 있어요. 그리고 시나리오를 쓰다 보면 어딘가 재홍이 같은 캐릭터를 쓰고 있죠. 저는 태곤이 형 같은 통찰은 없지만 〈족구왕〉을 끝내고 느낀 건 '재홍이가 잭 블랙처럼 될 수 있지 않을까'였어요. 단순히 재밌는 코미디 배우라는 말이 아니라, '대체할 수 없는 배우'라는 뜻이에요. 짐 캐리도 〈이터널 선샤인〉과 〈마스크〉를 오갈 수 있는 또 다른 측면에서 확장성이 있잖아요. 오히려 비슷한 캐릭터를 또 할 수도 있겠지만 반대로 유일무이하게 특화될 수도 있다고 봐요. 안재홍 배우가 그런 면에서 한국 영화계를 확장시킬 수 있겠다는 기대도 있고요.

김: 앞서 언급했던 배우들 보면 잭 블랙도, 짐 캐리도 기본적으로 흥이 있는 사람들이잖아요. 누군가 보면 '또라이'라고 생각할 만큼. 그런데 또라이와 예술가는 한 끗 차이죠. 언젠가 제가 그랬어요. 이제 동네 바보, 동네 좋은 형 그만해도 될 것 같다고. '동네 바보'라고 표현했지만 〈족구왕〉의 만섭이나 〈응답하라 1988〉의 정봉이도 뭔가 맥락적으로 비슷한 부분이 있는 캐릭터잖아요. 충분히 매력적이고 정감 가고 호감이 가긴 하지만, 뭔가 더 팍 터뜨려도 좋을 것 같아요. 재홍이는 스스로를 너무 정제하려고 하는 느낌이 있어요. 그런 점이 젊은 배우에게는 오히려 장점이었을 수 있었을 거예요. 하지만 이제는 그 안의 에너지를 꺼내보고 싶다는 마음이 들어요. 좌중을 압도하거나 상대를 압도하면서 내뿜는 에너지를 우리는 아직 안재홍에게서 본 적은 없단 말이죠. 만약에 지금 당장이라도 본인에게 그런 캐릭터가 온다면 주저하지 말고 바로 하면 될 것 같아요. 저는 이미 그 안에 그 미친 에너지가 있다는 걸 아니까요. 아까 여의도에서 낮술 먹었다고

했던 날, 대낮에 길을 걸으면서 노래를 막 부르는 거예요. 아, 이 친구 안에 또라이가 있구나, 확신했죠. 그러면서 마음을 좀 놨어요.

전: 누군가의 연기를 보고 쾌감을 느낄때는 그 배우가 내려놓을 때잖아요. 정말 돌아서 딴 세계로 갈 때. 물론 우리 모두는 겁이 많고 특히 배우들은 조심할 것이 많은 직업이라는 걸 이해하지만 재홍이가 조금만 더 겁이 없어졌으면 하는 바람이 있어요. 그러니까 재홍아! 이제 좀 막 살아도 돼.(웃음)

뉴욕 아시아 영화제

ACTOR OLOGY

AHNJAEHONGOLOGY

멸종 동물의 DNA를 계승한 채 진화한 신종 동물

"걔가 남자야?" 영화 〈누구의 딸도 아닌 해원〉의 성준(이선균)은 해원(정은채)이 재홍과 만났다는 사실을 알게 되자 "어떻게 걔랑 사귈 생각"을 했냐며, "걔는 풋내기 어린애"일 뿐이라며 화를 내고 소리를 지른다. 질투에 휩싸인 이 못난 중년 남자에게는 미안한 말이지만, 재홍이는 남자가 맞다. 그것도 누구나 사귈 생각을 하는 '멜로가 체질'인 남자다. 배우 안재홍이 연기하는 대부분의 인물은 한눈에 호감의 대상이 되고, 솔직하게 마음을 표현하며, 자연스럽게 연애를 시작하다가, 때론 쓸쓸하게, 가끔은 격렬하게 헤어진다.

웹드라마 〈출중한 여자〉의 재홍은 카페에서 처음 본 여자가 용기 내서 전화번호를 물어볼 만큼 대중적인 "수요"가 확실한 매력남이다. 단편 〈미라의 의지〉의 주인공 미라는 소개팅 자리에 나온 슬픈 얼굴의 재홍에게 첫눈에 반한다. "저 남자, 눈빛이 슬퍼 보이는 게 소지섭 같지 않아?" 크림을 입술 옆에 잔뜩 묻혀가며 딸기 디저트를 오물오물 먹는 유난한 식성마저 섹시하게 느껴질 정도다. 단편 〈술술〉에서 술자리에서 만난 선배의 여자 친구는 재홍에게 묘한 관심과 추파를 던진다. 물론 그의 치명적인 비밀이 밝혀지기 전까지 말이다. 〈족구왕〉의 만섭(안재홍)은 첫눈에 반한 안나(황승언)에게 50년 후에도 후회하지 않을 만큼 최선을 다해 그 마음을 표현한다. 〈밤의 해변에서 혼자〉의 조 감독 승희(안재홍)는 홀로 심부름을 가는 스크립터 선희(안선영)에게 "같이 갈까?"라고 묻는다. 그래, 안 된다는 말이 없다. 결국 두 사람은 밤의 어둠 속으로 총총 사라진다.

사랑의 모든 시간

드라마 〈응답하라 1988〉의 다른 주인공들이 엇갈리던 러브라인의 결실을 후일담으로 들려주는 것과 달리, 정봉(안재홍)만큼은 실시간으로 반하고, 연애하고, 끝내 해피엔딩까지 맞이한다. 그는 만옥(이민지)의 우산으로 늑대처럼 뛰어들어 유혹하고, 거품 키스 데이트를 즐기며, 홍콩영화처럼 이별하고 〈접속〉처럼 재회한다. 임대형 감독의 단편 〈레몬타임〉의 '욱이 오빠'(안재홍)는 후배 '쭈영이'(박주희)와 커플룩까지 맞춰 입은 캠퍼스 커플이다. 〈1999, 면회〉의 승준(안재홍)은 친구 민욱(김창환)의 여자 친구와 '하늘만 허락한

〈레몬타임〉

〈산나물 처녀〉

사랑'을 진행 중이다. 김초희 감독의 〈산나물 처녀〉에서 인간 세상에 내려온 '선남' 리차드(안재홍)는 산나물 처녀 달래(정유미)를 만나 "꼬신 내" 나게 사랑한다. 결국 날개옷의 마법이 풀린 후에도 하늘로 떠나지 않고 이 세상에 머물 결심을 한다. 드라마 〈멜로가 체질〉의 범수(안재홍)는 진주(천우희)와 함께 드라마를 만들어가며 차갑고 개인적인 도시 남자에서 가장 익숙한 샴푸 향이 느껴지는 따뜻한 멜로남으로 체질 개선에 성공한다.

물론, 사랑의 단맛을 만끽하는 만큼 사랑의 쓴맛도 필연적으로 견뎌야 한다. 〈쌈, 마이웨이〉의 주만(안재홍)은

〈멜로가 체질〉

〈슬픈 씬〉

6년째 연애 중인 여자 친구와 저돌적으로 구애하는 회사 후배 사이에서 갈등하는 잔인한 실험대에 오른다. 데뷔작인 단편 〈구경〉의 재홍은 "너 이러는 거 완전히 질렸어!"라고 모진 말을 내뱉으며 환한 대낮의 캠퍼스에서 여자 친구와 처절하게 싸운다. 단편 〈슬픈 씬〉의 '붐맨'(안재홍)은 아마도 몰래 사귀던 여배우(이나영)에게 최근에 이별을 고한 듯하다. 촬영 현장에서 만난 여배우는 그에게 바짝 다가오며 "이제 내가 싫어졌냐"며 슬픈 눈으로 묻는다. 팔이 덜덜 떨려도 그녀에게서 최대한 멀리 떨어지려 노력하는 그의 모습은 웃기고도 짠하다. 〈풀잎들〉의 홍수(안재홍)와 미나(공민정)는 술을 마시며 죽은 친구 승희에 대한 원망과 죄책감을 함께 나눈다. 그러나 그 슬픈 대화의 끝에 미나는 오늘 "나랑 있을래?"라고 묻는다. 그들을 내내 지켜보던 아름(김민희)의 내레이션처럼 '산 사람은 살아야 하고 지금은 귀한 거니까'. 중편 〈울렁울렁 울렁대는 가슴안고〉의 철수(안재홍)는 헤어지자는 통보를 하러 온 여자 친구 영희(이솜)와 기상 악화 때문에 울릉도에 발이 묶인다. '헤어지자고 하는 여자, 잡지 못하는 남자, 더 이상 사랑하지 않는 우리'는 본의 아니게 1박 2일로 연장된 이별식을 갖는다.

〈울렁울렁 울렁대는 가슴안고〉

안재홍의 페르소나들은 이렇듯 만남과 연애, 갈등과 이별까지 사랑의 모든 순간들에 존재한다. 그리고 이 배우는 그 순간의 설렘과 두근거림, 행복과 환희를 빠짐없이 맛있게 음미하고, 경멸과 분노, 슬픔과 고독까지 쓰리지만 남김없이 소화시킨다. 그의 필모그래피는 '멜로'라는 장르 혹은 사랑이라는 주제와 떼어놓을 수 없지만, 사실 안재홍은 21세기 멜로에서 익숙하게 만나온 유형의 배우는 아니다. 예민한 꽃미남보다는 투명한 쾌남에 가깝고, 에지 있고 카리스마 넘치는 마초남이라기보다는 부드럽고 사려 깊은 순정남이다. 그는 '나쁜 남자'와 안타고니스트의 섹시함에 열광하던 시대의 영화와 드라마가 잃어버린 클래식한 '젠틀맨'의 품격을 귀환시킨다. 〈미라의 의지〉에서 재홍은 여자의 코에 실수로 빨대가 잠시 꽂힌 것을 보고 자연스럽게 자신의 빨대와 바꿔준다. 〈출중한 여자〉의 재홍은 화장실에서 손 씻는 것을 절대 잊지 않고, 언제나 그녀를 위해 꺼내줄 수 있는 펜 하나를 품 안에 품고 있다. 스스로의 표현대로 멸종 직전의 "희귀 동물"이다. 〈타짜-신의 손〉의 친구 운도(안재홍)는 "차 빼드릴게요"라고 거짓말을 하며 나가는 대길(최승현)을 보며 "우리 걸어왔잖아"라고 말한다. 눈치 없다고 욕먹을지언정 거짓말은 하지 않는 남자다. 〈해치지않아〉의 변호사 태수(안재홍)도 결국

순한 것의 힘, 선한 자의 노력, 상식의 가치

폭력적인 자본의 하수인이 되는 대신 평화로운 시민으로 살아갈 수 있는 공존의 길을 택한다. 〈족구왕〉의 만섭은 사랑과 질투를 핑계로 여자 친구에게 험한 소리를 하는 강민에게 "여자에게 그런 말 쓰는 거 아니"라며 특히 "그 여자를 좋아하는 사람이라면" 더욱 그래서는 안 된다고 단호하게 충고한다. 이어서 강민에게 제안하는 "한 판"은 수컷 사이의 피의 맞짱이 아니라 정정당당하고 안전한 스포츠다. 안재홍의 페르소나들은 폭력을 사건 해결의 언어로 쓰지 않는다. 그리고 누구도 해치지 않는다. 〈소공녀〉의 전고운 감독 말대로 "무해한 남성"들이다. 처음엔 촌스럽다 생각해도 결국엔 사랑에 빠질 수밖에 없는 〈족구왕〉의 만섭이처럼 듬직하지만 미련하지 않고, 순정은 있지만 부담스럽지 않으며, 외부적 위협 대신 내부적 명쾌함으로 승부하는 사나이들이다. 순한 것의 힘, 선한 자의 노력, 상식의 가치를 대변하는 안재홍은 멸종 동물의 긍정적 DNA만을 골라 계승한 채 진화한 건강한 신종 동물이다.

〈해치지않아〉

안재홍의 정신적·육체적 건강함은 풍류를 즐기는 식도락이라는 분명한 입력 값의 결과다. 필모그래피가 곧 '푸드그래피'라고 해도 과언이 아닐 정도로, 그는 매 작품마다 열심히 그리고 즐겁게 먹는다. 〈쌈, 마이웨이〉의 주만은 절대미각을 타고난 미식가로서의 재능을 푸드 홈쇼핑 MD라는 직업으로 연결시켰고, 〈응답하라 1988〉 정봉이의 남다른 음식 사랑은 괴식과 인스턴트, 퓨전과 채식으로 경계 없이 펼쳐진다. 단편 〈플래쉬 몹 같은 내 생일〉의 전반부는 그야말로 안재홍의 찬란한 '혼밥' 비디오다. 생일을 맞이했지만 딱히 축하해줄 친구가 없는 재홍은 술집 야외 테이블에서 나 홀로 생일 파티 중이다. 술과 안주를 잘 세팅해서 인증 숏도 찍고, 한라산 소주와 함께 돼지 고추장구이를 맛깔나게 집어먹고, 흰밥도 찹찹 씹어먹는다. 한밤의 홍대 거리를 여행하며 길거리에서 비닐 칵테일을 시원하게 음미하고, 바에 들러 예거밤까지 한 샷 들이켜고 나면 풍성한 그의 입술은 더욱 풍성해 보인다. 〈1999, 면회〉에서는 전날 고기쌈과 김치찌개에 이어 다음 날 아침에 라면, 통닭, 짜장면, 탕수육을 내일이 없는 사람처럼 흡입하고, 단편 〈검은 돼지〉에서는 서른을 앞두고 하루에 무려 세 번이나 짜장면을 먹는다. 〈스물〉에서 경재(강하늘)의 친구 인국(안재홍)은 짧은 분량에도 불구하고 등장하는 내내 뭔가를 먹고 있다. 신입생 환영회에서는 맥주를 꿀꺽꿀꺽 맛있게 들이켜고, 학생식당에서는 식판에 메뉴를 열심히 퍼 담는다. 〈소공녀〉의 한솔은 '맛집 데이트'를 최상의 데이트라고 생각하고, 〈임금님의 사건수첩〉의 이서는 땀을 뻘뻘 흘리며

아는 맛이 더 무섭다

힘들게 옮긴 통돼지를 보면서 "아- 맛있겠다"라며 입맛을 다신다. 〈멜로가 체질〉의 범수(안재홍)는 주말 오후 배에서 나는 '꼬르르르르륵' 소리를 좋아하고, "밥 먹었어요?"라고 묻는 다정한 목소리를 좋아하며, 사랑스러운 사람이 '후루룩후루룩' 냉면 먹는 소리를 좋아하는 사람이다. 생명을 지탱하는 단순한 끼니가 아니라 매일의 삶을 작동시키는 행복한 연료로 음식을 대하는 안재홍의 모습은 때론 신성스럽기까지 하다. 그렇게 그는 밥 먹었는지가 궁금한 연인이, 마주 앉아 식사를 하고 싶은 친구가, 그 사람의 맛집 리스트가 궁금한 이웃이 된다. 안재홍은 본 적 없는 외모나 매력으로 어필하는 배우가 아니다. 저런 남자를, 저런 친구를, 저런 이웃을, 우리는 만난 적이 있다. 그렇게 왠지 알 것 같은 모습으로 다가와, 알고 보니 전혀 모르겠는 모습으로 매번 우리를 신기하게 만든다. 그래서 더 치명적인 연인이 되고, 더 강력한 라이벌이 되며, 더 살펴보고 싶은 이웃이 된다. 원래, 아는 맛이 더욱 무서운 법이다.

〈미라의 의지〉

지난 20년의 한국 영화계는 몇몇의 중년 남성 배우들이 박스 오피스를 이끌어왔다고 해도 과언이 아니다. 코로나 시기를 제외하면 한 해에도 천만 영화가 몇 편이나 나올 만큼 시장의 규모가 커졌지만, 그 이면에는 특정 장르에만 편중된 장르의 불균형도 존재하는 것이 사실이다. 배우 안재홍과 비슷한 경력의 또래 남성 배우들이 액션, 누아르, 스릴러 등의 장르영화에 집중하게 된 것은 단지 개인의 취향과 선택만은 아닐 것이다. 이 와중에 안재홍은 20세기 인기 장르였던 멜로와 코미디 혹은 드라마 장르에서 두각을 나타내는 배우로 자리 잡았다. 동시에 장편 데뷔작인 〈1999, 면회〉부터 〈족구왕〉, 〈응답하라 1988〉처럼 종종 과거로 돌아가는 차를 타거나, 미래에서 날아온 시간 여행자가 되어 맞춤옷처럼 잘 어울리는 그 시대의 코스튬을 장착했다. 어쩌면 안재홍은 시대와 엇박자를 타는 배우처럼 보일 수도 있을 것이다.

2016년 이후 충무로의 가장 가시적인 변화라면 빠른 속도로 성장하고, 다양해지고, 수적으로도 늘어나고 있는 여성 감독들과 여성 배우들의 약진이다. 〈보건교사 안은영〉의 이경미 감독, 〈소공녀〉의 전고운 감독, 〈벌새〉의 김보라 감독 그리고 〈찬실이는 복도 많지〉의 김초희 감독처럼 남다른 언어와 취향을 가지고 판타지와 멜로, 드라마, 코미디로 미친 듯이 돌격해나가는 새로운 시대의 여성 감독들은 그들의 세상으로 기꺼이 초대하고 싶은 남성 배우를 찾고 있을 것이다. 또한 고아성 주연의

연어 장인의 이유 있는 회귀

〈삼진그룹 영어토익반〉이 상징적으로 열어주었던 길처럼 칼과 총 대신 데이터와 머리를 사용해 싸우고, 의리 대신 우정으로 서로의 마음을 묶는 여성 배우들은 자신들과 안전하게 '하이파이브'를 나눌 믿음직한 파트너를 기다리고 있다. 지금 이 순간, 배우 안재홍의 클래식한 특징들은 가장 미래적인 가치가 된다. 시대의 조류를 거꾸로 거슬러 오르는 저 힘찬 배우의 도무지 알 수 없는 신비한 힘으로, 배우 안재홍은 맹렬히 '백 투 더 퓨쳐' 중이다.

INTER VIEW

안재홍 × 백은하

"들뜨면 안 돼요.
들뜨면 모든 게
티가 나요."

〈1999, 면회〉가 개봉한 건 2013년이고, 대중에게 단편 영화가 공개된 2009년부터 생각하면 데뷔 13년째입니다.

첫 영상 인터뷰를 소장님과 함께 했는데 이렇게 다시 만나니 기분이 묘하네요. 첫 인터뷰에서 저에게 해주셨던 말이 아직 기억에 남아요. 배우라는 직업의 축복은 젊은 시절의 나를 영화 속에 영원히 담아놓을 수 있는 것이라고.

이렇게 무럭무럭 잘 커서 얼마나 뿌듯한지 몰라요. 이 직업의 희열이라면, 잘될 거라 믿었던 신인이 정말 잘 커나가는 걸 보는 거거든요. 그건 동시에 내 눈이 틀리지 않았다는 자가 진단이기도 하니까요.

처음 넥스트 액터를 함께하자고 전화 주셨을 때 '무럭무럭'이라는 단어가 되게 감사하고 기분 좋았어요. '무럭무럭'이라니!

여전히 성장할 크기와 방향이 있다는 것, 그래서 이 배우가 궁금해서 기대가 된다는 말이었어요.

그게 최고의 말인 것 같아요. 기대가 된다는 말.

안재홍의 시작

어린 시절부터 배우가 되고 싶었던 건가요?

특별한 장래희망이 없었던 것 같아요. 이번에 '넥스트 액터'를 준비하면서 오랜만에 어릴 때 앨범을 봤거든요. 그런데 제가 초등학교 때는 소방관이 되고 싶었나 봐요. 부산의 한 소방서에 편지를 써서 받은 답장을 엄마가 앨범에 넣어두셨더라고요. 제가 소방관 아저씨들이 입은 은색 옷에 대해 물었는지 "안재홍 어린이에게… 그건 방열복이라고 하는데요…"라며

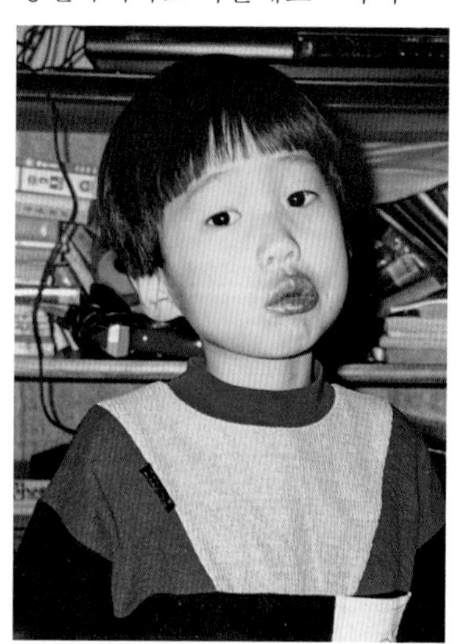

그 옷에 대한 설명을 친절히 써서 보내주셨어요. 기억은 전혀 안 나는데 한때는 내가 소방관이 되고 싶은 적이 있었구나, 생각하게 되었죠.

〈응답하라 1988〉의 정봉은 하나를 광적으로 깊이 파는 '오덕'의 조상 같은 캐릭터잖아요. 인생에서 정봉이처럼 뭔가에 그렇게 깊게 빠져본 적이 있나요?

조금 재미없는 답변이 될 수도 있는데, 저는 그런 게 별로 없었어요, 연기 말고는. 중학교 때 스타크래프트 열풍이 불었을 때도 저는 친구들처럼 중독이 안 되더라고요. 어쩌면 그만큼 재밌는 일을 못 찾았던 것 같기도 해요.

건국대학교 예술학부 영화과의 연기전공으로 입학을 했어요.

당시 입시 면접에는 배창호 감독님이 면접관 중 한 분으로 앉아 계셨고, 영화 〈사관과 신사〉의 한 장면이 지정 연기로 떨어졌어요. 사관학교의 생도들 교육 장면이었는데, 그 대사를 모두 부산 말로 연기했던 기억이 나요.

신박한데요, 부산 말로 바꾸겠다는 아이디어가.

아니, 그때는 제2외국어인 서울말을 못하던 시절이었어요. 쓸 수 있는 말이 부산 말밖에 없어서.(웃음) 입학해보니까 동기 중에 사투리 쓰는 사람이 저밖에 없었어요. 그래서 연기 수업을 하든, 워크숍 영화를 찍든 저만 낯선 거예요. '아! 서울어를 익혀야겠다!' 결심하고 또박또박 한 글자씩 소리 내어 신문 읽기, 성조를 없애고 플랫하게 읽기를 연습했죠. 드라마 대사도 따라 하고.

지금은 건대 영화과 출신의 배우들(엄태구, 고경표, 류혜영, 공민정, 배유람 등)이 활발하게 활동하고 있지만, 입학하던 2005년만 해도 신설학과였죠?

제가 2기였어요. 그래서 졸업한 이후엔 좀 막막하더라고요. 뭘 해야 하나, 연극을 해보자 했는데 선배가 없으니까 어떤 극단에 들어가야 하는지, 어떻게 들어가야 될지도 모르겠더라고요. 그래서 공연 정보 사이트에 오디션 공고 나온 거 보고 A4용지에 프로필 같은 거 만들어서 오디션을 봤어요. 그렇게 졸업 후엔 대학로에서 코미디 연극 〈보잉보잉〉을 1년 동안 했죠.

학교에서 보던 사람들을 현장에서 프로 배우로서 만날 때의 기분이 묘했겠어요.

그런 기분을 가장 많이 느꼈던 건 〈응답하라 1988〉 때죠. 특히 경표랑은 아프리카 여행까지 같이 갔잖아요. 아프리카 가서도 "야- 화양동에서 같이 놀던 우리가 이렇게 드라마도 찍고 여행 프로그램 촬영하러 아프리카까지 오다니" 하면서 감동했었죠.

홍상수 방향

단편 영화들을 제외하면 장편 영화에서 안재홍 배우의 얼굴을 처음 볼 수 있었던 영화가 〈북촌방향〉이었어요.

학생 1. 술집에서 유준상 선배님에게 제일 먼저 말을 걸고 계속 따라다니는 학생들 중 하나였죠.

홍상수 감독은 당시 건국대의 교수기도 했죠. 그 이후 〈누구의 딸도 아닌 해원〉, 〈밤의 해변에서 혼자〉, 〈풀잎들〉까지 단역부터 스태프, 주연까지 홍상수 감독의 영화와 꾸준히 함께했어요.

어떻게 보면 제가 겪어본 첫 현장이고 첫 감독님이시죠.

〈북촌방향〉

〈밤의 해변에서 혼자〉

소규모지만 감독, 배우, 스태프들이 모두 영화만을 위해서 한마음을 먹는 현장이란 참 귀하거든요. 규모가 커질수록 자기 일, 자기 파트만을 신경 쓸 수밖에 없는 구조니까요. 만약에 제가 바로 상업영화 현장에서 일을 시작했다면 그 세상과 그 방식만이 영화 현장이라고 생각할 수밖에 없었을 텐데, 홍 감독님 현장을 통해 영화라는 매체를 처음으로 경험한 게 참 다행이라는 생각을 많이 하게 되는 것 같아요. 이후 연출을 할 때도 그때의 경험이 많이 도움 됐고요.

〈누구의 딸도 아닌 해원〉에서의 등장 장면은 술자리 신 하나였지만 '재홍이'라는 이름의 여진은 꽤

〈날 기다리며〉

길게 이어졌어요. 이선균 배우가 "너 재홍이랑 사겼니?" 캐묻다가 "걔가 남자야?"라고 소리치는 대사에는 살짝 섭섭하진 않았나요?

아뇨. 되게 기분 좋았어요. 언급해준다는 사실에. 그때는 한창 언급이 고픈 나이였거든요. (웃음) 영화관에서 보면서도 제 이름을 한 번 더 언급해주는 게 너무 감사했죠. '와! 나를 불러주셨어!' 하고.

그렇게 영화 속에서는 이상한 라이벌이 되어버린 이선균 배우와의 인연이 4년 후 〈임금님의 사건수첩〉으로 이어졌어요. 마치 셜록과 왓슨 수준으로 '5보'도 떨어지지 않은 채 찰싹 붙어있는 투 톱의 영화였죠.

선균이 형은 처음 만났을 때부터 학생이던 저희들 밥도 사주고 술도 사주고 고기도 사주시면서 엄청 챙겨주셨어요. 본인도 영상원 1기여서 우리처럼 선배 없는 설움을 잘 이해한다고. 하지만 그때만 해도 다시 영화로 만날 거라고는 감히 상상도 못 했던 것 같아요. 〈임금님의 사건수첩〉은 상업영화로서 가장 많은 분량을 책임져야 했던 첫 영화였고, 모든 게 생경했는데 제일 믿음직한 형이랑 같이할 수 있다는 게 큰 행운이었죠. 〈사냥의 시간〉을 보시고도 문자를 바로 보내주셨어요. "너한테 그렇게 양끼(양아치 끼)가 잘 어울리지는 몰랐다"면서 "너무 좋았다"라고. 자주 보지는 못해도 선균이 형은 항상 작품 나올 때마다 먼저 연락하고 응원해주시는 분이에요.

광화문의 여명

오디션 못 보는 배우로 유명하죠.

아… 제가 진짜 별의별 짓을 다 해봤어요. 한번은 낮 11시 오디션인데 10시에 미리 도착해서 근처 편의점으로 가서 소주도 먹어봤어요. 좀 편해지지 않을까 해서. 하나도 안 편해지고 얼굴만 울긋불긋해지는 거야. 완전히 망했죠. 대사 준비를 아예 안 해간 적도 있어요. 즉흥연기랍시고 그냥 생각나는 대로 얘기하는 거예요. 당연히 망했죠.

그래도 다행인 건 그 와중에도 누군가는 안재홍 배우의 가능성을 알아보고 다음 기회를 주었다는 거죠.

졸업하고 대학로에서 1년 동안 했던 연극은 코미디기도 하고 관객 호응을 이끌어내기 위해서 소리를 많이 내질러야 했어요. 이비인후과도 자주 다니고 성대 결절이 오기도 했거든요. 그 겨울에 눈이 펑펑 내리는 날이었어요. 공연 끝나고 밤도 늦었고 택시도 안 잡히고, 목소리도 제대로 안 나오고…. 그렇게 하염없이 걷다가, 문득 대학 때 하던 독립영화 작업을 해보고 싶다는 생각이 들었어요. 심적으로 조금 지쳐 있었나 봐요. 그런데 정말 희한하게 며칠 뒤에 (전)고운 누나한테 연락이 왔어요. "재홍아, 우리 한예종에서 장편영화 준비하고 있는데 오디션 보러 올래?"라고. 그게 〈1999, 면회〉였죠.

〈1999, 면회〉 오디션은 잘 봤나요?

완전 망했죠. (웃음) 첫 장편영화에 주요 배역인 오디션이 낯설기도 했고, 그때는 자신감도 자존감도 되게 낮았거든요. 그래도 한 번 더 보자고 해서 뭔가 코드가 맞았나 싶어서 2차로 봤는데도 그다지 잘했던 것 같진 않아요. 그러다가 세 번째에 김태곤 감독님이 "우리 같이 하자" 하면서 포옹을 해줬어요. 아, 진짜, 그게 너무 기억에 남아요. 며칠 뒤에

같이 출연할 배우들도 만났죠. (심)희섭이랑 (김)창환이가 다 동갑이어서 빨리 친해졌어요. 그때 태곤이 형 본가가 부천에 있었는데, 부모님이 계시는 그 집에서 아예 다 같이 합숙을 했죠. 어머님이 아침에 일어나면 시원한 메밀차를 끓여주셨어요. 그게 그렇게 맛있더라고요, 달콤하고. 하루 종일 리딩하고 밤에 부천 닭발골목에서 닭발에 계란찜 시켜서 소주 먹고 이런저런 이야기 나누면서 친해졌어요. 그 시간들이 저한테는 오히려 영화 같았어요.

승준이라는 캐릭터를 만들어가는 과정은 어땠나요?

당시만 해도 70~80년대라면 몰라도 근 과거인 90년대를 추억하고 구현하는 영화나 드라마가 아직 없었어요. 그래서 '야! 이거는 대박이다' 싶었어요. 반가르마를 하고, 떡볶이 코트를 입고, 당시 유행했던 반무테 안경을 딱 쓰고는 '됐다, 이거는 세기말이다!' 했죠. 코스튬이 딱 갖춰지니까 더 신나는 거 있잖아요. 그런데 우리 영화 개봉 즈음에 〈건축학개론〉이 나오고 이후 〈응답하라 1997〉이 나와서 조금 아쉬운 부분이 있었죠. 딱 한 템포만 더 빨랐어도 좋았겠다, 하는 생각.

그래도 제 생각에 승준이의 비주얼만큼은 그 어떤 작품의 90년대보다 제대로 90년대 같다고 자부할 수 있어요. 영화 속 승준이가 2주 전에 면허를 따고 서울에서 철원까지 운전하면서 로드무비가 시작되잖아요. 제가 진짜 촬영 3주 전쯤인가 운전면허를 땄기 때문에 영화에 담긴 모든 게 리얼한 반응이에요. 옆에 탄 희섭이가 긴장하는 모습이 역력하죠.(웃음)

전고운 감독이 〈1999, 면회〉 촬영 현장에서 식사 담당을 했는데 식판에 나눠준 밥을 제일 잘 먹어주는 재홍 배우를 보면서 '이건 배려다'라는 생각을 했대요.

당시 고운 누나가 약간 비건에 빠져 있었던 것 같아요. 카레라이스인데 거기다 순두부를 넣더라고요. 아… 카레를

〈조작된 도시〉

이렇게도 하는구나. 우리 진짜 저예산이구나…. 하지만 정말 맛있어서 맛있게 먹었다는 말씀을 전해드리고 싶네요.

그렇게 독립적으로 만들었던 영화가 영화제들을 거쳐 2013년에 개봉까지 하게 되었죠.

〈1999, 면회〉는 제 영화 중 제가 극장에서 가장 많이 본 영화일 거예요. 촬영도 그랬지만 개봉 과정까지 모든 게 너무너무 신기했어요. 그래서 전국 방방곡곡의 극장, 독립영화관에서 GV(guest visit)를 하면 창환이 차에 태곤이 형, 희섭이, 저 이렇게 네 명이서 타고 전국을 누비는 거죠. 전주 갔다가, 광주 갔다가, 서울로 올라오고 이런 일정들을 반복했는데 하나도 안 피곤한 거예요. 상영 끝나는 시간 맞춰서 갈 수도 있는데 일부러 그 지역 극장에 일찍 도착해서 영화를 같이 다 보고 GV 하고 집으로 올라오곤 했어요.

데뷔작이란 건 그런 건가 봐요.

자꾸 느끼고 싶었던 것 같아요. 관객들이 집중해주는 그 극장의 공기, 내가 이렇게 연기했을 때 사람들이 재미있어하는구나…. 그 모든 것이 마냥 좋았어요. 몰래 뒷좌석에 앉아 관객들 반응을 살피면서 엄청 많이 봤죠.

나의 일을 사랑했던 첫 마음을 잃지 않는 것, 그건 되게 어려운 일이기도 하고, 그리고 사실 꼭 해야 되는 일인 것 같기도 해요.

못 잊죠. 아직 그렇게 시간이 많이 흐르지 않은 것도 있지만. 저는 〈1999, 면회〉 때 부산국제영화제에서 첫 GV를 할 때가 아직도 생각나요. 너무 신기한 거예요. 이렇게 큰 영화제에 우리 영화가 상영되고 관객과의 대화를 할 수 있다는 것 자체가 너무 감사하고 신기한 일이라서 그때의 울렁거림이 아직도 기억나는 것 같아요.

족구, 왕좌의 게임

막상 프로 세계에 뛰어들면 주변의 누군가는 조금 빠르게 가기도 하고 상대적으로 자기 속도는 조금 느려 보이기도 하잖아요. 그러다 불안도 생기고, 조바심도 생기고.

일단 그 속도에 대한 의문을 가지려면 어떤 강한 자기 확신이 있어야 '어, 지금 좀 늦네' 혹은 '나 좀 빠른 건가' 하는 의구심을 가질 텐데, 그때는 아예 속도에 대한 불안감을 가질 정도도 아니었던 것 같아요. 그냥 존재 자체에 대한 불안감 있잖아요. 내가 지금 이 레이스에 올라도 되는 건가, 이게 출전한 건가, 연기를 하는 건 너무 좋은데 내가 진짜 배우가 될 수 있을까, 배우로 계속 살 수 있을까.

그런 고민은 누구와 많이 나눴어요?

한번은 김태곤 감독님과 둘이서 낮에 여의도에서 탕수육에 빼갈을 다섯 병쯤 먹으며 그런 이야기를 진지하게 했던 기억이 나요. 그러고 초저녁에 여의도에서 지하철을 타고 잠이 들었는데 눈뜨면 계속 지하철인 거예요. 진짜 신기했어요. 아까 분명히 여기였는데 또 여기야. 당시 제가 오금역에 살 때였는데, 집에 가기까지 체감상 한 세 시간 정도 걸렸던 거 같아요. 진짜 이상한 하루였어요.

그날 김태곤 감독님은 지하철역으로 걸어가면서 길에서 노래를 부르는 안재홍을 보며 '아, 이 아이의 마음에는 똘끼가 있구나. 배우 충분히 하겠구나'라는 확신이 드셨다고 하던데요.

노래 부른 건 기억이 안 나요. 기억이 안 나니까 계속 3호선인 거죠. 내려야 되는데 눈을 뜨면 왜 또다시 지하철인 거지?

'배우가 될 수 있을까' 하는 불안들이 조금씩 옅어지기 시작했던 계기가 있었나요?

아무래도 〈족구왕〉이겠죠. 이제 조금은 확신을 가져도 되겠다, 싶은 마음이 들게 한 너무 고마운 작품이에요.

〈족구왕〉은 그만큼의 반향을 일으킬 거라고 예상했나요?

정말 겸손이 아니고 전혀 예상 못 했어요. 솔직히 말해서 태곤이 형 대본에 (우)문기 형이 연출한다니 그냥 재밌겠다, 진짜 최선을 다해야겠다, 그렇게만 생각했죠. 모든 캐스팅 끝나고 스태프팀들이 꾸려져서 종로 허리우드극장 근처 삼자탕집에 다 모여서 상견례 같은 걸 했어요. "안녕하세요, 만섭 역할의 배우 안재홍입니다"라며 자기소개도 하고, 그게 시작이었죠.

〈족구왕〉에서 만섭이 마침내 자기소개를 영어로 하는 장면은 언제 봐도 뭉클해요.

만약 다른 영화라면 감정 신이 있으면 앞 촬영을 좀 느슨한 걸 잡든지, 아예 그날은 족구 장면을 빼주든지 할 텐데 〈족구왕〉은 총 이십몇 회차 밖에 안 되는 저예산 영화니까 그럴 수가 없는 거예요. 대낮의 땡볕에 공을 차고 와서 밤에 사랑 고백을 해야 하는 거죠. 얼마나 힘들어요. 이미 지쳐 있어. 하지만 제 입에서는 "아이 케임

〈족구왕〉

프롬 피프티 이어즈 레이터…"가 줄줄 나왔죠. 연습 끝날 때마다 (황)미영 누나가 냉면 먹자 해서 냉면 먹고, 약국 가서 우루사랑 박카스를 사 와서 하나씩 나눠주고. 미영 누나는 우리의 '행복원' 같은 느낌이었어요.

소고기 먹는 회식 장면에서는 적은 예산 때문에 구이용이 아니라 장조림용 고기를 구워 먹었다던데요?

…양지였어요.

그렇게 양지를 먹고도 안재홍은 모두가 사랑하는 홍만섭이 되었고 〈족구왕〉은 결국 '청춘'의 대표 영화가 되었어요.

진짜 신기했던 게 〈족구왕〉을 찍을 당시에는 이 영화 속에 '청춘'이라는 단어는 아예 생각하지도 않았다는 거예요. 그냥 스포츠, 로맨스, 코미디 정도의 카테고리였달까. 하지만 이제는 〈족구왕〉을 항상 청춘영화의 범주 안에서 말씀해주시잖아요. 그런데 저도 다시 보니까 이 영화에서 청춘이 느껴지는 거예요. 스포츠와 사랑과 이 웃픈 이야기가 어쩌면 진짜 청춘이었구나, 그 자체가.

젊은 날엔 젊음을 모르고, 사랑할 때 사랑이 보이지 않는 거죠. 이후로도 '광화문 시네마'의 작품에서 안재홍은 빠지지 않았어요.

〈범죄의 여왕〉은 (이)요섭이 형이 "특별출연인데 한번 해볼래?" 하면서 대본을 주셨는데 고시학원의 합격탕 청년에게 마음이 가더라고요. 〈굿바이 싱글〉의 산부인과 의사는 특별 출연으로 아시는 분이 많은데, 정식 캐스팅이었어요. 태곤이 형이 "재홍아, 너에게 의사 가운을 한번 입혀보고 싶어"라고 하셨죠.

김혜수 배우가 연기하는 톱스타 주연에게 폐경을 선고하는 역할이었죠.

실제로 김혜수 선배님을 처음 보는 상황인데 절망을 안겨주는 역할이라 더 긴장되는 거예요. "다신 오지 마!" 소리 지르는 장면을 김혜수 선배님이 너무 재밌다고 해주셨던 기억이 나요.

〈굿바이 싱글〉의 마지막 식사

장면은 어쩐지 광화문 시네마 유니버스의 평화로운 잔칫날 같다는 생각을 했어요. 특히 황미영 배우에게 기타를 쳐주며 잡채를 권하는 모습이라니.

잡채는 〈족구왕〉과 이어지죠. 원래 〈족구왕〉 대본에는 그냥 '밤의 대학 캠퍼스를 걷는다'였어요. 뭔가 자연스러운 대화를 해야 할 것 같아서 불쑥 "누나는 무슨 음식 좋아하세요?"라고 물었는데 진짜로 생각지도 못했던 음식이 나온 거예요. 보통, 삼겹살, 김밥, 떡볶이 같은 건 생각할 수 있지만 잡채는 아예 리스트에 없던 음식이었죠. 그래서 김태곤 감독이 〈굿바이 싱글〉에 이어서 넣은 게 아닐까요? 이 영화의 원제가 〈가족계획〉이었는데, 암시를 하는 거죠. 새로운 러브라인, 새로운 가족이 탄생할 수도 있겠구나, 하는.

응답하라, 안재홍

〈족구왕〉을 통해서 독립영화계의 스타로 등극한 후 드라마 〈응답하라 1988〉을 만나게 되었어요. 그리고 정봉이는 여전히 안재홍 하면 대중들에게 가장 친숙한 캐릭터가 되었고요.

첫 TV드라마였고 제가 워낙에 '응답하라' 시리즈를 거의 다 본방 사수할 정도로 너무 좋아했어요. 그냥 막연하게 '만약에 다음 시리즈가 또 나오게 된다면 오디션이라도 한번 보고 싶다' 그 정도의 마음만 있었죠. 어떻게 보면 〈1999, 면회〉의 승준과 〈족구왕〉의 만섭이 있었기 때문에 저에게 온 역할이라는 생각이

〈범죄의 여왕〉

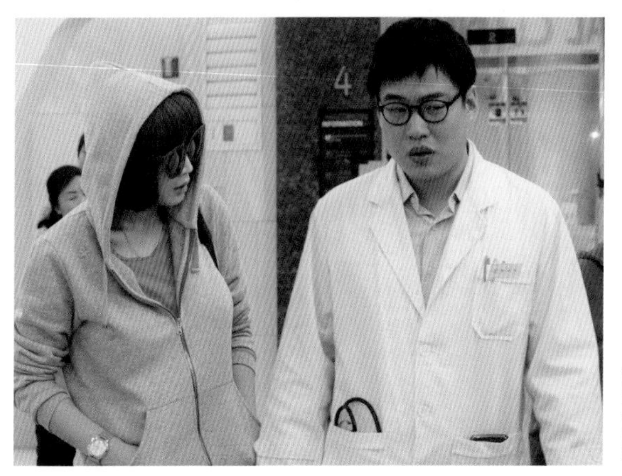
〈굿바이 싱글〉

들었고 정봉이는 좀 더 과감하게 연기해보고 싶었어요.

〈응답하라 1988〉의 오디션 영상을 봤는데, 오디션 당시에는 역할을 특정하지 않고 본 것 같더라고요.

맞아요. 제작진은 캐릭터를 다 열어두고 보셨던 것 같아요. 이미 대본에 역할은 다 있었고 이 배우가 어떤 역에 매칭이 될까를 계속 보신 거죠. 저는 예전에 1차 꿈이 오디션 안 보는 배우가 되는 거였어요. 사실 오디션만큼 민망한 게 없잖아요. 텅 빈 사무실의 캠코더 앞에서 아무것도 갖춰지지 않은 채로 연기를 한다는 게. 해내야 되는 일인 줄은 알면서도 굉장히 민망하고 쑥스럽고…. 그러니 역시 오디션을… 엄청 못 봤죠. 좀 못 본 정도가 아니라 엄청 못 봤어요. 처음은… 완전히 망했고요, 두 번째도… 망했죠.

첫 번째 오디션 보고 집으로 돌아가는 길에 뭐라고 생각했나요?

아! 너무 기분 좋다. 그렇게 원하던 드라마의 오디션을 봤다! 망했지만 이건 행복한 패배다! 그러면서 맥주캔을 딱- 깠죠. 하하하. 물론 아쉽지만 오히려 후련했던 것 같아요. 나는 거기까지 생각이 있었으니까. 더 큰 영광까지는 생각을 못 했던

것 같아요. 근데 일주일인가 열흘 후에 두 번째 오디션을 보러 오라고 또 연락이 온 거예요. 신원호 감독님께서 상상마당에서 〈족구왕〉을 보셨대요. 그때 저희가 2만 파티인가를 하고 있어서 신나서 관객 분들에게 커피우유 나눠드리고 그랬는데, 그 모습이 좋아 보였다고 하더라고요. 그렇게 2차 오디션을 보고, 3차 때 드디어 정봉이 대사를 받은 거죠.

그 대사가 뭐였어요?

"어머니." 그 말이 입에서 딱 나왔는데, 감독님이 "아- 이거네" 하셨던 기억이 나요.

정봉이의 첫 대사 기억하세요?

역시 "어머니". 그러고 전화번호부 들고 나오면서 "여기 '봉이야' 한 명 찾았습니다. 아- 신기한데요" 라고 하죠. 그때 입었던 노란색 호돌이 티셔츠 무주산골영화제에 전시하려고 가져왔어요.

〈응답하라 1988〉은 배우 안재홍에게 물리적으로도 커리어적으로도 한 번도 가볼 거라고 생각하지 않았던 여러 여행지로 가게끔 만들어준 드라마였던 것 같아요.

그럼요. 꿈같은, 정말 꿈같은 드라마였죠. 요즘도 가끔 검색 창에 '정봉이'를 쳐보곤 해요. 이름이 정감 있어서인지 반려견이나 동물들 이미지도 많이 나와요. 〈한 지붕 세 가족〉처럼 계속 갔으면 좋겠다, 이 드라마가 영원히 안 끝났으면 좋겠다고 생각했어요.

그나저나 〈응답하라 1988〉 덕분에 중국에서는 별명도 얻으셨다고요.

중국에는 '부처남'이라는 말이 있대요. 부처님의 마음으로 어떤 시련이 와도 평온하게 넘길 수 있는 그런 성정을 가진 남자를 뜻하는 용어라고 들었어요. 그런데 중국 메신저에서 '부처남'을 표현할 때 정봉이가 절에 갔던 에피소드의 사진을 이모티콘으로 쓴다는 거예요. 그 사진 덕에 중국에 광고도 찍으러 다녀왔었어요. 포드 자동차 광고였는데, '부처남' 콘셉트로 법복 입고 생각에 잠겨 있으면 자동차가 조용하게 자율주차를 해주고…. 현지 중국 스태프분들께서 그 이모티콘을 그 사인지처럼 출력해 오셔서 사인도 요청해주셨죠.

SNS 에서 한 중국 사극 드라마 주인공이 '부처남' 부채를 들고 있는 사진을 본 적 있어요.

네… 저도 그 부채가 갖고 싶더라고요.

『넥스트 액터 안재홍』을 꼭 중국어판으로 만들어서 출판하고 싶어지네요.(웃음) 〈응답하라 1988〉의 출연은 인기와 인지도가 서서히가 아니라 확 증폭된 시기였을 텐데요. 그 시기를 즐겼나요? 아니면 당황하거나 부담스러웠나요?

총 20부작이었는데 미리 촬영을 시작했고 7회쯤 촬영할 무렵에 방영이 시작됐어요. 그때 체감을 해보고 싶었던 것 같아요. 한 2회쯤 방영됐을 때 혼자 테스트 겸 막 오픈한 잠실 롯데월드몰에 가봤어요. 아무도 못 알아보는 거예요. 그때는 마스크 안 썼는데. 아직 멀었구나 싶었죠.(웃음) 그러다 5, 6회가 방영된 이후부터

〈응답하라 1988〉

점점 알아보시더라고요. 그때는 막연하게 그런 거 있잖아요. 유치하긴 한데, 사람들이 나 알아보면 좋겠다, 뭐 이런 거. 그런데 정말 그런 상황이 되었잖아요. 그냥 마냥 좋고 신났어요. 크게 불편하거나 의식을 해서 조심스러워지거나 그 단계는 아직 아니었던 거죠. 감히 상상도 못 해봤던 일들이 한순간에 벌어져버렸으니까. 그런데도 이게 얼마만큼의 인기인지를 당시에는 완전히 몰랐던 것 같아요. 그냥 신난다! 였는데 이게 조금씩 그리워질 무렵이 되니까 그때가 나에게 엄청난 시간들이었구나, 알게 되었죠. 그걸 그때 알면

얼마나 좋을까요. 〈족구왕〉도 마찬가지였어요. 정말 많은 주목을 받았던 영화였다는 걸 한 템포 늦게 알았죠.

〈족구왕〉의 만섭도 〈응답하라 1988〉의 정봉이도, 데뷔부터 워낙 큰 사랑받는 캐릭터를 연기했던 상황이라 혹시 이 캐릭터에 갇히거나 이미지에 잠식당하는 것에 대한 걱정은 없었나요?

아뇨. 만섭이도, 정봉이도 캐릭터가 더 생명력을 갖고 계속 회자되는 것이 너무 좋은 것 같아요. 그런데 제가 그걸 원하고 아무리 붙잡고 있어도 시간이 지나면 사람들은 더 이상 정봉이를 이야기하지 않겠죠. 그러니까 내가 '그만'이라고 할 이유도 없고 하고 싶지도 않죠. 그저 저한텐 너무 소중한 친구들이에요.

집밖 봉선생

하정우 배우를 잇는 '먹방' 배우계의 루키죠. 먹는 장면을 찍을 때는 어떤 생각을 해요?

진짜 이 음식을 느껴보자. 뭔가 기교를 부려서 보여주려고 하지 말고 진짜 이 음식을 느껴보자. 하정우 선배님의 '먹방'을 사람들이 좋아하는 건 진짜가 느껴지기 때문이라고 생각해요. 절대 허겁지겁하지 않고 품위 있게 드시거든요. 그러니까 사람들이 와- 저 김 먹고 싶다, 저 소시지 먹고 싶다, 컵라면을 저렇게 먹고 싶다, 심지어 당장 추웠으면 좋겠다는 생각까지 하게 만들죠.

인생 마지막 순간에 먹고 싶은 음식을 고르라면?

그건 때때로 바뀌는데,

〈플래쉬 몹 같은 내 생일〉

오늘의 컨디션으로 봤을 때는 '우래옥'에서 냉면 한번 깔끔하게 먹고 싶네요. 〈출중한 여자〉 끝나고 윤성호 감독과 갔던 을밀대가 제 인생 첫 평양냉면이었어요. 지금만큼 평냉이 붐도 아니었고 저도 처음엔 아무 맛이 안 느껴졌던 것 같아요. 그런데 그 미묘함에 중독되는 것 같아요. 미묘해서 더 알고 싶은 맛이랄까. 그렇게 을밀대, 우래옥, 필동, 을지, 봉피양을 돌아서 결국 우래옥으로 귀착되는 것 같습니다.

〈멜로가 체질〉에서 진주(천우희)와 냉면 먹는 장면도 어쩌면 다른 메뉴로 바뀔 수도 있었겠군요.

아, 그건 이병헌 감독님이 냉면 마니아라서. 원래 있던 장면이었어요. 하지만 기뻤죠.

〈응답하라 1988〉

〈응답하라 1988〉의 소라빵 아이디어는 직접 내신 건가요?

네, 그건 애드리브였어요. 〈응답하라 1988〉 마지막 오디션 때 혹시 특기나 장기 같은 게 있냐고 물으시는데 딱히 생각나는 게 없는 거예요. 저 되게 유연하다, 이런 것도 만들 수 있다, 하면서 손가락으로 소라빵을 만들었는데 그걸 피디님이랑 작가님이 재미있어하셨던 것 같아요. 그래서 이민지 배우가 연기한 만옥을 집 앞에 데려다주는 장면을 찍을 때 감독님이 "이미 대사는 거의 끝났으니까 그 소라빵 만드는 거 한번 해봐" 해서 즉흥으로 만들었죠.

그런데 이렇게 시그니처가 될 줄이야.

그 장면을 찍을 땐 한 0.8초 정도 고민했어요. "소라빵을 구워 왔습니다"로 할까, "크로와상을 구워 왔습니다"라고 할까. 근데 뭔가 88년에는 크루아상이 많이 통용되지는 않을 것 같아서 소라빵이 된 거죠.

가만 보면 참 잊기 힘든 인상적인 손이잖아요. 〈임금님의 사건수첩〉에서도 왕이 "손이 왜 이렇게 통통해?" 하는 대사도 있고.

그건 선균이 형이 즉흥으로 만든 대사였어요.(웃음)

진심의 안식처

전고운 감독은 〈소공녀〉의 한솔 역을 안재홍 배우에게 주고 싶지 않으셨다던데요?

왜였을까요?

〈응답하라 1988〉 이후 너무 스타가 되었는데 혹시 재홍이가 광화문 시네마에 대한 의리로 그냥 해줄까 봐 미안해서였다고요.

아, 저는 사실 그런 마음은 진짜 1도 없었어요. 사실은 특별출연이었는데 저한테도 너무 특별한 영화가 되어서 제가 오히려 감사하죠. 저는 학교 다닐 때부터 전고운 감독님이 만들었던 단편영화를 되게 좋아했었어요. 대사가 아직도 기억에 남을 정도로.

하지만 정작 감독은 자기 졸업작품을 거절했던 아픈 기억을 가지고 있던데요.

하하하. 그 얘기를 하던가요? 제목이 〈내게 사랑은 너무 써〉였는데, 상의 탈의를 해야 한다고 해서…. 단순한 이유였습니다. 〈소공녀〉 작업은 너무 재미있었어요. 거장의 마인드랄까? "재홍아, 니가 하고 싶은 대로 해" 하고 배우에게 자유를 주는 '전고운 거장님'의 디렉팅을 처음 받아봐서 너무 좋았죠. 누나 이거 안 보겠죠?

그때 만난 이솜 배우와는 연출작 〈울렁울렁 울렁대는 가슴안고〉의 출연까지 이어졌죠.

2015년 디렉터스 컷 어워즈에서 저는 〈족구왕〉으로, 이솜 배우는 〈마담 뺑덕〉으로 둘 다 신인상을 받으면서 처음 만났어요. 처음 봤는데도 그냥 되게 재미있더라고요. 얘기도 잘 통해서 금세 친해졌던 것 같아요. 〈소공녀〉를 같이 하면서 액션, 리액션을 주고받는 호흡이나 상황들이 연기라는 생각이 안 들 정도로 너무 잘 맞았어요.

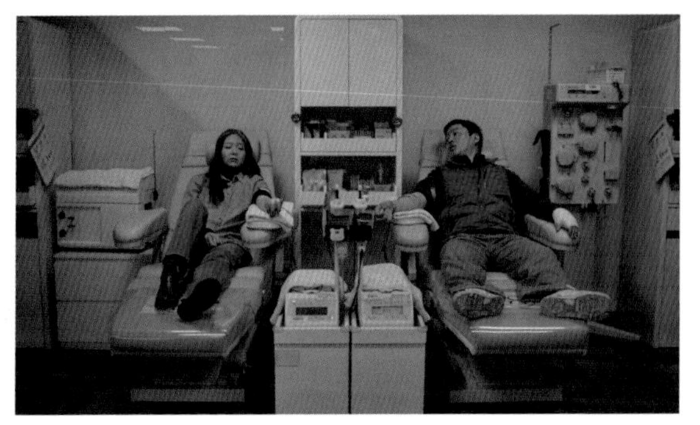

〈소공녀〉

미소와 한솔에게는 초라하고 힘든 현실마저 코미디로 승화시키는 순간들이 되게 많았잖아요. '봄에 하자'부터 '수혈' 데이트까지.

그렇죠. 원래 대본은 둘이 안았다가 너무 추우니까 벌벌 떨면서 "복귀하자"였어요. 몇 번 해보는데 그 맛이 좀 안 살아서 '거장 전고운'님께서 "그냥 '봄에 하자'고 할까?" 이렇게 또 아이디어를 거장처럼 툭- 찔러주셔서 그 대사가 나왔죠.

한솔은 가난하지만 정말 이상적인 남자 친구죠.

한솔이의 마음을 고운 누나가 되게 진심이 뚝뚝 느껴질 수 있게 잘 만들어준 것 같아요. 한솔이라는 이름도 세 명이서 뭐가 좋을까, 고민하면서 만들었던 이름이었어요. 미소가 닭꼬치 꼬챙이를 툭 집어던지면 그걸 한솔이 줍는 동작 같은 것도 리딩하고 연습을 하면서 같이 만들어간 이 캐릭터의 부분이었죠. 그때 닭꼬치를 이솜 배우가 생각보다 멀리 던진 거예요. 팔이 길어서 그런가. 그래서 제가 본의 아니게 프레임 아웃하는 장면이 나왔죠.(웃음) 그 장면에서 나눴던 대화들이 되게 좋아요.

떠나는 날 외치는 "졸라 사랑해"처럼 사실은 대본에 다 있었던 대사인데 마치 즉흥의 애드리브처럼 생생하게 느껴지게 만드는 마법은 어떻게 부리나요?

역시 거장! 전고운 님 덕분에

〈멜로가 체질〉

가능했던 일이 아닌가 싶습니다. (웃음) 미소와 한솔이가 헤어지는 그 해 뜰 무렵의 새벽 장면에서도 그냥 한 컷으로 갈 테니까 충분히 느끼면서 정말 진심으로 연기했으면 좋겠다고 말씀해주신 게 너무 고마웠어요. 새벽의 소음 속에 해가 뜨기 직전의 몇 번 없는 마법 같은 시간이잖아요. 세 번 정도 테이크를 갔고 영화에 담긴 건 아마 첫 테이크였던 것 같아요.

이번 책을 준비하면서 발견한 안재홍의 큰 공통점은 거의 모든 영화와 드라마에서 사랑을 하거나 멜로의 자장 안에 있어요. 정말 '멜로가 체질'이라는 제목의 드라마를 찍을 수밖에 없는 사람이었구나, 싶었죠.

아… 조금도 생각하지 않은 부분이네요. 물론 〈족구왕〉을 찍을 때도 저는 스포츠, 코미디, 멜로가 있다면 그중 '사랑'에

방점을 찍긴 했던 것 같아요. 족구 장면만큼이나 중요한 게 마음을 전하는 장면이라는 생각이 들었고요. 나는 미래에서 왔으니까. 다시 못 올 이 젊은 날 마음을 가득 담아서 전해야겠다.

이날이 아니라면 다시 이 시간이, 이 사랑이 돌아오지 않는다는 걸 이미 알아버린 사람이니까.

그렇죠. 현재의 소중함을 아는 멋있는 친구니까.

안재홍의 연기수첩

많은 주변인이 입 모아 이야기하는 배우 안재홍의 장점은 연기 욕심이 많은데도 절대 들뜨지 않고 연기한다는 것이었어요.

그게 중요한 부분이죠. 들뜨면 안 돼요. 들뜨면 모든 게 티가 나요. 그게 사실은 제 레시피예요.

3대 족발집 양념, 냉면집 육수 같은?

그렇게 대단한 비밀 레시피는 아니고요.(웃음) 이 현장에 대한 좋은 흥분, 이 캐릭터로서의 신남을 잘 가지고 가면서도 들뜨지 않으면서 연기하고 싶어요. 내가 먼저 들떠버리는 순간, 정작 관객들이 못 느낄 것 같아요. 내가 적당히 잘 눌러야지 이게 잘 전해질 것 같다는 생각을 해요. 그걸 배우가 다 느껴버리면 관객들이 흥분하고 신날 여지를 뺏는 것 같아요. 제가 '광화문 시네마'의 영화를 되게 좋아하는 이유도 절대 주제를 강조하지도 강요하지도 않기 때문이에요. 우리는 열심히 차려놨으니 관객분들 '인죠이', 하는 태도랄까.

또래 배우들 중 가장 코미디라는 장르에 진심이라는 느낌이 들어요.

정말 코미디 연기를 잘하고 싶은 사람으로서, 코미디란 굉장히 정확하고 정교해야만 성공한다고 믿어요. 한 끗만 빠르거나 느려도 안 웃겨요. 정말 엄청나게 많은 경우의 수를 던지고 그걸 다시 회수했다가 허를 찌르는 순간에 웃음을 유발하고. 그런 식으로 누군가를 즐겁게 해줄 수 있는 게 코미디잖아요. 그게 절대 쉬운 일이 아니거든요. 유해진 선배님을 볼 때는, 특히 〈럭키〉에서의 연기는 감탄을 하면서 봤거든요. 와, 정말 엄청난 내공이다…. 아까도 말했지만 그분은 절대로 들뜨지 않거든요. 꽉 누르면서 관객들에게 진짜 즐거움을 선사하세요. 치밀하지 않으면 관객들에게 그만큼의 즐거움을 드리기가 쉽지 않아요. 얼마나 많은 경우의 수를, 높낮이를 고려하셨을지 가늠은 안 되지만 늘 존경스러워요. 얼마 전 라미란 선배님이 〈정직한 후보〉로 청룡영화상 여우주연상을 받으셨을 때 '코미디 영화로 여우주연상을 받는다는 것'에 대한 특별함을 이야기하셨잖아요. 정말 그것만큼 대단한 일이 없는 것 같아요.

연기라는 것이 사실 고도로 감정과 감성에 귀 기울이면서 그 순간에 몸과 마음을 생생하게 반응시키고, 동시에 이미 합의되었던 동작까지 빠짐없이 수행해야 하는 아주 복잡한 작업이잖아요. 그중 '동작 일치'의 작업을 의외로 경력이 많아도 잘 못 맞추는, 혹은 크게 괘념치 않은 배우들도 있어요. 안재홍 배우와 작업했던 감독은 모두 "콘티뉴이티의 천재"이라고 칭찬하던데요.

동작을 통해 연기의 심적 동력을 만들기는 해요. 만약 여러 명이 함께 있는 식사 자리에서 상추를 집고 고기를 구워서 쌈을 싸 먹는 신이라면, 어떤 심적 동력으로 상추쌈을 싸면서 이 친구를 한 번 볼 수 있고, 그리고 고기를 넣고 다른 친구와 말을 하고, 마늘을 넣는 동작과 함께 또 다른 감정의 동력을 만들 수도 있죠. 그런 방식으로 맞췄던 것 같아요. 동작의 연결이 안 맞으면 결국 못 쓴다는 걸 너무 알기 때문에 반드시 맞춰야 된다는 강박 같은 게 있죠. 사실 그런 강박은 장점과 단점이 반반인 것 같아요. 생각을 하다 보면 어떤 면으로는 그 순간 속에 흠뻑 빠지지 못하는 느낌도 들거든요.

그렇다면 대본 연습 때 혼자서 이미 그 동선까지를 짜서 생각을 하는 편인 건가요?

아니요, 그건 전혀. 왜냐면 현장에서는 어떤 게 세팅될지 아무것도 모르니까요. 제가 미나리가 있었으면 좋겠다고 생각하고 연습했는데 미나리가 없으면 당황스럽잖아요. 현장에서 어떤 세팅이 될지, 또 상대 배우가 어떤 식으로 리액션할지는 모르기 때문에 철저하게 상대의 액션에 맞춰서 반응해요. 대신 제 캐릭터의 마음의 동선은 미리 만들어서 가는 거죠.

평소에 주변 사람들의 행동이나 특징 같은 것들을 잘 캐치하는 편인가요? 메모를 한다든지?

메모까진 아니고 잘 기억하는 편인 것 같아요. 일부러 막 봐야지! 하는 개념은 아니고 그냥 주변을 잘 관찰하는 게 익숙한 성격이랄까. 내향형 인간이라 그럴 수도 있겠지만. 어떤 사람이 말할 때 어떤 식으로 말했고, 어떤 습관이 있구나 같은 게 저에겐 잘 들어오는 편이에요. 예를 들어 "전 원래 양반다리가 안됩니다"라는 〈1999, 면회〉의 대사는 친구 배유람을 보면서 생각했어요. 밥 먹으러 식당이나 고깃집을 가면 유람이가 이상하게 공간을 많이 차지하고 앉는데 그게 딱 생각이 나더라고요. 묘하게 불편한 상황에서 갑자기 양반다리 안 된다는 설정을 넣으면 너무 재미있겠다 싶어서 제가 아이디어를 추가했었어요. 그게 누군가에게 해가 되지 않는 선에서 잘 활용하면 일상에서 또

〈임금님의 사건수첩〉

좋은 아이디어가 나오더라고요.

〈사냥의 시간〉에서 장호가 슈퍼마켓에서 첫 등장 했을 때 나가면서 슈퍼 주인한테 "영수증 버려주세요"라고 한단 말이죠. 길에 쓰레기 버리지 않고 줍던 〈소공녀〉의 한솔도 그렇고, 이 배우의 시네마틱 페르소나들의 윤리인가 싶은 생각이 들었어요.

한솔의 동작은 미리 감독님과 함께 계획했던 거고, 장호의 그 대사는 애드리브였어요. 이 신의 공기를 확 사실적으로 만들 수도 있겠다는 생각에 즉흥적으로 했던 말이었죠. 사실 요즘에 우리가 자주 쓰는 말이기도 하잖아요. 이제 이들이 슈퍼마켓 문을 열고 나가면 지금의 현실이 아닌 몇 년 후 근미래의 배경이 쭉 펼쳐질 텐데 그 후 다시 카메라가 돌아왔을 때 이 아이들을 진짜처럼 보이게 만드는 게 뭐가 있을까 고민하다 보니, "영수증 버려주세요"라는 말이 나왔죠 영화 전체를 보면 순간이지만 어떤 공기를 확 바꾸는 모먼트가 있잖아요. 그런 게 몇 순간만 포착되어도 한 인물이 확 생기를 얻는데 그 장면에서는 얼굴이 슬쩍밖에 안 나왔는데도 저도 좀 진짜 같다, 라는 생각을 했어요.

촬영할 때 징크스나 습관 같은 것들도 있어요?

뭐는 안 한다거나, 뭐는 꼭 해야 한다거나. 징크스는 따로 없는 것 같아요. 지방 촬영 갈 때는 이것저것 좀 많이 챙겨 가려고 해요. 내가 집에서 있는 환경과 최대한 좀 유사하게 해주고 싶어서 베개를 챙겨 간다거나, 아니면 서울에 있는 집에서 먹는 영양제를 챙겨 간다거나.

현장은 사실 기다림의 연속이죠. 물론 조금 기다려야 되는 경우도 있고, 어떤 상황 따라 좀 더 많이 기다려야 되는 상황도 있을 텐데 그 시간을 어떻게 보내나요?

조금 기다려야 될 때는 모니터 뒤에서 현장이 어떻게 되어가는지 전체 상황을 구경하고, 조금 많이 기다려야 된다고 하면 무조건 잠을 자려고 해요. 왜냐하면 어떻게든 좋은 컨디션으로 카메라 앞에 있고 싶으니까. 졸려서

잔다기보다는 계속 환기시키려고 그러는 것 같아요. 물론 좋은 컨디션이 필요한 역할이라면. 만약에 안 좋은 컨디션이 필요한 역할이라면 일부러 안 자서 좀 피곤하게 만들죠.(웃음)

〈사냥의 시간〉의 장호 같은 상황?

그때는 그냥 주야장천 현장에 버티고 있는 거죠. 하하하.

〈울렁울렁 울렁대는 가슴안고〉

감독 + 안재홍

감독과의 커뮤니케이션에서 가장 큰 어려움은 무엇이고 자신만의 장점은 뭐라고 생각하세요?

가장 큰 어려운 점은 모든 감독님들이 다 다르다는 거예요. 성향도, 커뮤니케이션 방법도. 그 부분이 제일 어렵죠. 저만의 특별한 소통 방법은 없는 것 같아요. 대신 저는 전적으로 영화는 감독의 예술이라는 점에 동의하기 때문에 그냥 잘 이해하려고 해요. 빨리빨리 흡수하려고. 아, 이 감독님의 표현 방식은 이런 거구나. 이 감독님은 배우가 절제하는 걸, 반대로 이 감독님은 배우가 더 해줘서 캐릭터 플레이를 하길 바라시는구나, 이런 것들을 빨리 알고 싶어 하는 편이죠.

현장에서 만약에 내가 생각했을 때 이 방향은 아닌데 감독님이 계속해서 밀어붙인다면?

일단은 감독님 스타일로 어떻게든 해보려고 해요. 그게 오케이가 난 이후엔 제 의견이나 준비한 걸 보여드리기도 하고요. 여전히 어려운 질문인 것 같아요. 제가 배우로서 더 내공이 있다면 나의 경험과 경우의 수를 더 밀어붙일 것 같은데, 아직 그런 내공은 없다 보니까 일단은 감독님이 표현한 그 캐릭터에 최대한 빨리 붙어야겠다는 생각을 더 많이 하는 편인 것 같아요.

연출작이자 출연작인 〈울렁울렁 울렁대는 가슴안고〉는 어떻게 시작된 이야기였나요?

다른 얘기 할 때는 좀 편안하게 말했는데 〈울렁울렁…〉 얘기를 하려니까 유독 쑥스럽네요. 처음엔 로드무비를 좋아해서 그런 걸 찍어보고 싶다. 그러다가 '울릉도 트위스트' 노래에 꽂혀서 울릉도에 여행을 가게 되었는데 이 섬이 너무 예쁘더라고요. 여기서 그냥 길만 걸어가도 재밌겠다는 생각이 들었고 그러면서 좀 웃픈 영화랄까, 아이러니한 상황들이 많이 담긴 영화였으면 좋겠다, 라는 생각이 들었죠. '이별 통보를 하긴 했는데 날씨 때문에 섬에서 못 나가는 상황이 되면 어떨까. 얼마나 불편하고 어색할까….' 실제로 울릉도는 하루에도 날씨가 휙휙 바뀔 정도니까 이런 설정이 말은 될 수도 있겠다 싶었죠. 그러면 이 둘이 엄청 어색하고 불편한데 뭔가 웃긴 상황들이 자꾸 닥쳐오는 1박 2일을 함께 보내면 어떨까 해서 영화를 만들게 되었어요.

주연 배우를 겸하면서 연출을 했어요. 말하자면 영화 현장 안에서 극단적으로 다른 롤을 계속 오가야 하잖아요.

누구나 여행하듯이 영화를 만들어보고 싶다는 생각을 하겠지만 그게 잘 안 되잖아요. 예민해지게 마련이고. 게다가 연출을 하면서 출연까지 하니까 너무 신경 쓸 부분도 많더라고요. 아마 현장의 모두가 딱 봐도 알았을 거예요. '재가 지금 정신이 없구나.' 그래서 모두가 많이 도와줬어요. 모두 너무 좋은 마음으로 그 섬으로 모여주었고, 한마음으로 감독의 빈틈을 완벽하게 메우면서 움직여준 덕분에 찍을 수 있는 영화였어요. 집중할 때 딱 집중하고, 쉴 때는 재밌게 보내곤 했었어요. 그 영화가 저에게 너무 큰 힘이 됐고 그 영화 현장에서 너무 좋은 에너지를 많이 받은 것 같아요.

Yo

안재홍 감독의 다음을 준비 중인가요?

뚜렷하게 다음 작품을 준비하고 있다기보다는 울릉도에서의 시간을 거치고 나니 기회가 된다면 좋은 사람들이랑 또 이런 작업을 할 수 있다면 좋겠다 싶어요. 굉장한 환기의 시간이 될 수 있겠다는 생각도 들고. 옆집 아저씨가 통발에 문어가 들어왔다고 가져가서 먹으라고 주시고. 그러면 황미영 누나가 "야… 너무 부드럽겠다" 그러면서 캔 맥주 딱 따서 그 문어를 또 데쳐주시고. 함께했던 팀이 딱 열 명이었는데 아직도 단톡방에서 울릉도 다시 가고 싶다고들 난리예요. 실제로 이 영화의 미술감독을 했던 친구가 이제 드라마나 영화에서 미술 실장님으로 많은 일을 하시는 바쁜 분인데, 우리 현장에 와서 내가 영화라는 일을 정말 좋아하는구나라는 걸 새삼 느꼈던 것 같다는 메시지를 촬영 끝나고 보내주셨어요. 너무 고맙고 기분이 좋더라고요, 그 말이.

배우를 연구하는 일을 업으로 삼은 사람으로서, 배우들이 왜 연출이라는 영역에 대해 꿈을 꾸고 또 뛰어드는가에 대한 궁금함이 있거든요. 연기를 더 잘하기 위해서 혹은 전체 프로덕션을 보기 위한 어떤 과정처럼 하는 분들도 있고, 또 아예 연출이라는 것 자체를 거의 병행하듯이 가겠다는 사람들도 있고, 각각의 목표나 관심이 좀 다른 것 같기는 해요. 어느 쪽이 더 가까운 것 같아요, 지금 현재로서는?

처음에는 연기를 더 잘하고 싶어서, 시각을 더 넓히고 싶어서였다면, 지금은 어떤 이야기를 재미있게 들려주고 싶다는 마음이 더 커졌어요. 그것이 얼마나 소중하고 멋진, 그리고 힘든 일인가 하는 걸 많이 느꼈던 것 같아요. 그래서 아직 뭐 포부랄까, 그런 건 아니지만, 그래도 기회가 된다면 계속 연출을 해보고 싶다. 이런 좋은 사람들과 다시 한다면 너무 멋지겠다, 그런 생각이 들어요.

〈해치지 않아〉

채집의 시간은 OVER, 이제는 사냥의 시간

지금까지 가장 긴장해서 갔던 현장은 어떤 작품이었나요?

아무래도 〈사냥의 시간〉이었던 것 같아요. 흔히 말하는 기싸움이라든지, 수싸움이라든지 이런 게 전혀 없었어요. 오히려 모두가 똑같이 힘들기 때문에 전우 같은 마음으로 힘내자! 가자! 뒤처지면 안 돼! 오늘 저기까지 가야 해! 잠들면 안 돼! 뭐 이런 느낌? 그 정도의 현장이어서 유난히 기억이 많이 남을 것 같아요.

〈사냥의 시간〉은 후시녹음 현장까지도 만만치 않았다고 들었어요.

녹음실에 실제 산소캔이 있었어요. 장호는 천식 설정도 있는 데다, 뛰는 장면도 많고. 특히 윤성현 감독님은 호흡감에 대한 중요성을 굉장히 많이 가지고 계셨어요. 뛰는 장면에는 녹음 부스 안에서 리얼로 뛰면서, 모형이지만 M16 같은 총을 진짜 쏘기도 하고. 도박장을 터는 장면에서는 복면 설정이 있으니까 실제로 마스크 같은 걸 쓰고 녹음을 했죠. 최대한 촬영 현장의 환경과 가장 비슷하게 녹음했어요. 사실 녹음실에서 호흡감을 많이 살리고 나면 좀 어지럽거든요. 과호흡이 오기도 하고. 그래서 운동선수들 쓰는 스프레이 산소캔이 구비되어 있었죠. 후시 녹음만 여덟 시간 정도 하고 그랬었으니까.

〈사냥의 시간〉의 내용적으로 보자면 박정민 배우가 연기하는 상수는 이 친구 그룹에서 살짝 끼지 못하는 인물이잖아요.

그렇죠. 모두 장총 들고 들어가는데 상수만 권총을 줘요. 한 여섯 발 정도밖에 안 들어간 리볼버였을걸요.

하지만 영화 바깥에서 보면 오히려 안재홍이 〈파수꾼〉 팀에 새롭게 합류한 친구잖아요.

'아- 어떡하지, 저들은 이미 가까운데…' 이런 느낌이 전혀 없었어요. 반대로 다른 배우가 만약에 저랑 광화문 시네마 영화를 찍는다고 해도 그럴 거예요. 그저 '저 속에서 같이 놀면 재밌겠다' 이런 마음이었죠. 〈파수꾼〉이라는 영화는 당시 혹은 지금까지도 연기를 지망하고 희망하는 친구들에게 엄청난 영향을 줬다는 생각을 해요. 저 역시 그 영화에서 굉장한 에너지를 받았기 때문에 감독님 포함해서 제훈이 형도 정민이도, 그전부터 같이 해보고 싶었던 배우들이고, 이렇게 또래의 연기자들이 만나는 게 진짜 쉽지 않을 거라는 것을 모두가 다 알았기 때문에 그냥 마냥 재미있었던 것 같아요.

이제훈, 박정민, 최우식, 안재홍은 말하자면 '넥스트 액터' 라인업이라고 해도 될 정도인데요. 딱 보면 친구 같으면서도 정말 다 너무 다른 얼굴이잖아요. 장점들도 다 다르고요.

진짜 다 너무 다른 게 느껴지고 그 다름이 느껴져서 더 좋았어요. 그런데도 묘하게 잘 뭉쳐지는 접착력이 있더라고요. 사실 서로가 진짜 같은 마음이었던 것 같아요. 같이 가고 있구나, 같이 하고 있구나, 그 마음이 느껴지는 순간 짜릿한 게 있잖아요. 재훈이 형이 제 손을 잡은 상태로 어깨만 나오는 OS 컷이었는데 오히려 자기 쪽 얼굴을 찍을 때보다 더 힘을 꽉 주고 바라봐주는 거예요. 제가 제대로 몰입할 수 있게끔. 이 사람이 나에게 잘 맞춰주고 있다는 수준을 넘어서 나를 당겨주고 있달까. 그런 마음이 느껴질 때는 고마움을 넘어서는 감정이 들었어요. 같이 가자, 우리 같이 가자…. 사실 에너지를 많이 써야 하는 현장이었기 때문에 자기 연기만을 생각했다면 에너지를 아낄 수도 있었을 텐데 말이죠. 그건 참 쉽지 않은 일이잖아요. 그걸 알면서도 서로가 더 주려고 하고 더 당겨오려고 하는 게 느껴질 때면, 이 작업은 진짜 앞으로도 많이 생각나겠다는 걸 이미 현장에서부터 느끼고 있었죠.

영화를 만들고 완성하는 즐거움도 있지만 해외 영화제 같은 더 큰 무대에서, 세계 영화

관객을 만난다는 건 정말 또 다른 기쁨이죠.

그럼요. 저는 그 베를린을 잊지를 못하겠어요. 〈사냥의 시간〉이 베를린 국제영화제 스페셜 갈라 섹션에 초청되어서 '프리드리히슈타트 팔라스트(Friedrichstadt-Palast)'라는 굉장히 큰 극장에서 첫 프리미어를 했어요. 그냥 큰 영화 시사회 정도라고 생각하고 들어갔는데 정말 진짜 엄청나게 큰 환호를 보내주시더라고요. 그래서 저도 모르게 약간 외국식 제스처가 나왔죠. 평소에 안 하던 손키스를 막 날리고 있더라고요. 처음 마이크 잡고 한 말이 "제가 살이 많이 쪘었네요"였어요. 외국 관객들이 못 알아볼까 봐, 머리 스타일도 좀 다르고 하니까.(웃음) 이 에너지는 엄청나다, 오늘의 기억을 오래도록 간직하겠다는 말씀을 드렸죠. 세계 3대 영화제라는 게 괜한 말이 아니더라고요. 엄청난 영광이구나, 하는 걸 느꼈죠.

알고 보니 해외 영화제 체질이셨군요.

사진 기자분들 계신 포토 타임에서부터 너무 신나더라고요. 그런데 더 좋았던 건 진짜 이 멤버들과 함께 갈 수 있어서였던 것 같아요. 또래의, 제일 함께 연기해보고 싶었던 친구들과 뜨겁게 작업했고 그 결과로 모두가 처음인 베를린영화제에 초대되었다는 게 너무 신났죠. 보통의 마음으로 투덜대기 시작하면 할 수 없는 작업이었다고 생각해요. 그러나 우리 모두가 같은 마음으로

베를린 국제 영화제

작업을 했고, 또 그렇게 집요하게 파고 들어가준 윤성현 감독님이 너무 고마웠어요. 그게 쉽지 않잖아요. 감독님이 그렇게 조금 더 좋은 것, 조금 더 진짜 같은 것을 계속 갈구했기 때문에, 진짜 숨이 턱까지 찰 정도로 힘든 현장이었지만 결국 여기까지 왔구나, 하는 마음이 들어요.

지금, 울렁울렁 울렁대는 안재홍

〈소공녀〉에서 한솔은 만화 그만두려고 하는 이유에 대해 "이제 좀 사람답게 살아보려고"라고 대답하죠. 그때 미소가 "사람답게 사는 게 뭔데?"라고 묻잖아요.

한솔에게 사람답게 산다는 건 남들처럼 살고 싶다는 말이었을 것 같아요. 적어도 남들만큼 우리도 데이트도 하고 행복하게 살아보자고. 한솔이는 정말 미소와 남들 같은 삶을 살아보기 위해서 파견을 떠난 거라고 생각해요. 하지만 그 추위를 혼자 겪으라는 건 잔인한 말이었죠. 그래도 한솔이는, 만약 미소가 그 자리에 있어준다면, 그 자리에서 계속 버텨만 준다면 목돈 모아 돌아왔을 거예요.

자이언티 〈눈〉 뮤직비디오처럼 호텔 스위트룸 현찰로 계산할 수 있는 두툼한 돈봉투를 들고?(웃음)

그럼요. 그나저나 신기한 게, "사람답게 살고 싶다"는 말을 〈사냥의 시간〉에서 제가 또 우식이에게 해요. 같은 대사를 완전히 다른 영화에서 한다는 게 쉽지 않잖아요. 그게 흔히 하는 질문도 아닌데 한솔이도 이야기하고 장호도 이야기하는구나, 신기했어요.

그렇다면 안재홍 배우는 사람답게 사는 게 뭐라고 생각해요?

다시 못 올 이 계절과, 이 시간을 잘 느끼며 사는 것이라고 생각해요.

안재홍 배우를 오래 지켜본 광화문 시네마 감독님들은 사실 엄청난 것들이 내부에 있는 배우인데 조심하고 정제하려는 태도를 이제는 버려도 좋지 않을까, 하는 바람을

이야기하셨어요.

역시… 저라는 배우에게 정말 중요한 고민을 형들과 누나가 대신 해주셨네요. 그런데 요즘 조금 달라지고 있어요. 사실 저는 영화의 이야기를 충실히 전달하는 것이 가장 중요한 배우였거든요. 관객이 영화를 볼 때 영화를 보고 싶지 배우의 열연이 보고 싶나, 그런 생각을 했던 것 같아요. 그래서 배우가 조금 더 할 수 있어도 이야기보다 앞에 가면 안 되고, 배우의 욕망이 작품에 투영돼서는 안 된다고 믿었죠. 그래서 저의 1차 과제는 자연스러움이었어요. 물 흐르듯이 그냥 이야기가 온전히 느껴지게, 이게 다큐멘터리인지 혹은 실존 인물인지 헷갈릴 정도로 그 속에 녹아 들어가는 것이 목표였죠. 물론 뭐가 맞고 뭐가 틀렸다는 건 절대 아니에요. 다만 조금씩 그 생각이 바뀌어가고 있어요.

언제부터 그런 생각을 하게 됐고, 왜 그렇게 생각하게 됐을까요?

변화의 시점이라면 〈사냥의 시간〉이었던 것 같아요. 저에게는 어떤 새로운 챕터를 열어주는 영화였죠. 그 전까지는 자연스럽게 잘 녹아내려서 이 이야기를 충실히 전달하고 싶은 것이 저의 연기관이었다면, 〈사냥의 시간〉을 기점으로 배우의 한순간의 눈빛이, 한순간의 호흡이, 한순간의 말이 훨씬 더 많은 걸 대변할 수 있겠다는 걸 느꼈고, 그런 영화적 순간을 이해하게 됐던 작품인 것 같아요. 막 표출하고 소리 지른다는 말이 아니라, 캐릭터로서 포착한 배우의 어떤 순간이 굉장히 많은 걸 영화적으로 경험하게 만들 수 있겠구나….

만약 '넥스트 액터' 시리즈가 계속 이어진다면, 10년 후 마흔여섯의 안재홍 배우가 열세 번째 넥스트 액터에게 해주고 싶은 말이 있나요?

우선, 축하합니다! 10년 후라면 중년이 청춘에게… 어쩌면 10년 뒤의 제가 지금의 저에게 하는 말일 수도 있을 거예요. 잘하자. 그리고 재밌게 걸어나가기를. 부디, 이 시간들을 잘 느껴가기를.

WHO'S THE NEXT?

넥스트 액터 Next Actor
안재홍

초판 1쇄 2021년 6월 3일

기획. 무주산골영화제×백은하 배우연구소
글. 백은하, 안재홍
편집. 백은하
표지 디자인. 옥근남
내지 디자인. 워크룸
교정·교열. 곽지희
인쇄. 세걸음

화보
사진. 우상희
스타일. 박태일

펴낸 곳. 백은하 배우연구소
2019년 2월 21일 (제2019-000023호)
서울특별시 종로구 자하문로38길 12 2층 (03020)
02-379-2260
www.unalabo.com
unalabo@icloud.com
www.instagram.com/@una_labo

ISBN 979-11-966960-6-1 (04680)
ISBN 979-11-966960-0-9 (세트)

값 16,000원